中职生
创新与创业

ZHONGZHISHENG CHUANGXIN YU CHUANGYE

主　编　刘昌伟　司继明　殷炳元

副主编（按姓氏笔画为序）

王立杰　吕晓玲　齐　军　孙　晓

李铁峰　邱　楹　陈　英　范艳艳

易　艳　岳晓旭　赵　燕　郭金枝

山东人民出版社·济南

国家一级出版社　全国百佳图书出版单位

图书在版编目（CIP）数据

中职生创新与创业/刘昌伟，司继明，殷炳元主编.--济南：山东人民出版社，2019.12（2020.8重印）
ISBN 978-7-209-12561-1

Ⅰ.①中… Ⅱ.①刘… ②司… ③殷… Ⅲ.①创业-中等专业学校-教材 Ⅳ.①G717.38

中国版本图书馆CIP数据核字(2019)第279224号

中职生创新与创业
刘昌伟　司继明　殷炳元　主编

主管单位　山东出版传媒股份有限公司
出版发行　山东人民出版社
社　　址　济南市英雄山路165号
邮　　编　250002
电　　话　总编室（0531）82098914
　　　　　市场部（0531）82098965
网　　址　http://www.sd-book.com.cn
印　　装　日照报业印刷有限公司
经　　销　新华书店

规　　格　16开（184mm×260mm）
印　　张　14.25
字　　数　260千字
版　　次　2019年12月第1版
印　　次　2020年8月第2次
印　　数　8001-9500
ISBN 978-7-209-12561-1
定　　价　32.00元

《中职生创新与创业》
编委会

序 言

淄博是一座具有深厚文化积淀的城市，在人类文明的“轴心时代”，活跃在齐鲁大地的一批思想家、政治家，以其非凡的智慧和才能，创造了影响人类文明进步的齐文化。淄博有其传统的工商文化基因，近现代又受到洋务运动和外国资本的影响，逐步发展成我国举足轻重的重工业城市，现代工业文明成为淄博当代最鲜明的城市文化底色。淄博处于辉煌灿烂的齐文化的中心位置，在中华优秀传统文化中，齐文化以人为本、开放包容、重商改革、创新发展的鲜明内涵为学界公认，被历代包括当代政要视为治国理政的典范。这些正是今天淄博展创新之翼，追逐创新梦想的精神内核以及动力源泉。

创新是一个民族进步的灵魂，是一个国家兴旺发达的不竭动力。习近平总书记在党的十九大报告中明确指出“创新是引领发展的第一动力，是建设现代化经济体系的战略支撑”。推进大众创业万众创新是深入实施创新驱动发展战略的重要支撑、深入推进供给侧结构性改革的重要途径。按照党中央的决策部署，把加快建设创新型国家作为现代化建设全局的战略举措，坚定实施创新驱动发展战略，强化创新第一动力的地位和作用，突出以科技创新引领全面创新，具有重大而深远的意义。

创新创业教育在创新型国家建设中具有不可或缺的作用。创业教育早在1989年11月底12月初就由联合国教科文组织在北京召开的“面向21世纪教育国际研讨会”上提出来了。《学会关心：21世纪的教育圆桌会议报告》中，提出了将“创业教育”作为继学术能力、职业能力后的“第三本教育护照”。要求把创业能力教育护照提高到和目前学术性和职业性教育护照所享有的同等地位。美国前教育部长Richard Riley指出，“要教导现在的学生准备胜任还不存在的工作，用未发明的科技去解决我们还未曾经想到过的问题”。习近平总书记曾多次做出重要指示，要求加快教育体制改革，注重培养学生的创新精神，造就规模宏大、富有创新精神、敢于承担风险的创新型人才队伍。这不仅是对本科生和高职生的要求，也是总书记对中职生的期许。

中职学生思想灵活，所学专业与社会分工紧密结合，有良好的实训基础，在校积累了丰富的实践经验，是企业一线员工的主力军，因此培养中职学生的创新创业能力，对提升我国的经济水平和综合国力具有深远的意义。近年来，淄博的中职教育蓬勃发展，为国家源源不断地输送了大批优秀的实践型人才。淄博市职业教育教学研究室秉承“授人以渔”的理念，将创新创业教育融入人才培养全过程，指导职业学校创建特色创新创业基地、开设创新创业社团、开展创新创业大赛，组织参加全省、全国创新创业大赛，成绩斐然，打造了课程、课堂、实训、竞赛和成果孵化“五位一体”双创教育育人新模式。

为贯彻落实“大众创业、万众创新”的国家发展战略，提高创新创业教育教学质量，培育一批有理想、有责任、有担当的新一代社会主义接班人，淄博市职业教育教学研究室组织当地8所中职学校和1所高职院校统一编写了这本体系完备、内容充实、形式创新的《中职生创新与创业》，这项工作正当其时，不仅为中职在校生提高他们的创新意识、掌握创新方法、学习创业路径等提供了帮助，而且锻炼了一支走在创新前沿、敢挑重担、团结务实的教师队伍。此外，也彰显了淄博市职业教育教学研究室在职业教育创新，服务国家发展方面的大局意识以及工作的主动性和前瞻性。

期待这本书的面世能更好地服务中职创新创业教育，期待淄博中职院校在新时期发展得更好，淄博的创新创业教育能够取得更加优异的成绩。

是为序。

2019年12月

前　言

习近平总书记指出，“拥有一大批创新型青年人才，是国家创新活力之所在，也是科技发展希望之所在”。青年人才朝气蓬勃、思想解放、富有改革创新精神，是推动经济社会发展、科技创新的主力军和突击队。我国正处于转型发展的关键时期，正需要建立一支规模宏大、厚积薄发的青年人才大军。

21世纪，是创新时代，也是创业时代，时代呼唤创新，时代呼吁创业，中职学生富有想象力和创造力，定将成为创新创业的有生力量。国务院印发的《中等职业学校职业指导工作规定》指出，学校应“帮助学生学习创新创业知识，了解创新创业的途径和方法，树立创新创业意识，提高创新创业能力”，“要采取必修、选修相结合的方式开设就业指导、创新创业等课程”。

创新创业教育是一项系统工程，为切实增强学生的创新精神、创业意识和就业能力，打造课程、课堂、实训、竞赛和成果孵化“五位一体”的“双创”教育育人模式，为给建设创新型国家提供源源不断的智力支撑，我们编写了这本《中职生创新与创业》教材。希望本教材能引导学生树立正确的世界观、人生观、价值观和创新创业观，从学习中为今后的可持续发展奠定扎实的基础。

本教材知识新颖，内容丰富，案例贴近实际，注重学生的素质培养和能力提升，主要创新点有：

1. 课程内容模块化

采用项目和任务结合的形式设计学习内容，主要包含“创新之翼”“创新思维”“创新技法”“创业时代”“创业之门”“商业模式”“创业构想”和“创业梦想”8个项目，每个项目由2～3个学习任务组成。每个任务又由任务描述、活动步骤、案例导读、相关知识、创新小故事、创新金言等具体模块组成。书后还附有相关评价表，可供学生测试。如此安排学习内容旨在帮助中职生在轻松愉快的学习环境中转变就业观念、培养创新创业意识，使其既能获得一定的创新创业基础知识，又能通过行动和训练来实践创业技能、增强学生的创业能力。

2. 突出中职教育特色

教材突出中职教育特色。在内容上，准确把握教材理论知识的深浅度，做到理论知识“适度、够用”；坚持与时俱进，重视吸收新知识、新技术、新方法；注重实践技能训练，将实验实训类内容贯穿在精心设计的教学项目和任务中。通过完成学习任务，激发学生的学习兴趣及创新精神、创业意识，培养他们的创新创业能力。

3. 侧重能力培养

教材与中职学生的认知能力和知识水平相匹配，做到“厚基础、重能力”。教材通过小组讨论、创新演讲台、仿真实训等实训模块加强实践性教学环节，融入充分的课堂训练和课后体验等实训内容，突破传统教材的知识理论结构，重点突出中职教材的实践性、实用性，满足当前国家培养应用型、复合型、技能型人才的要求。

4. 注重兴趣引导和知识拓展

教材中每个项目均用一个案例导入，设置讨论题目。通过创新小故事和创新金言，引导学生讨论与思考，提升教材的可读性，教材配备二维码链接相关知识。同时，根据山东省《创新创业与就业指导课程标准》的要求，将教材知识做了适度延伸，吸收了近年来创新创业教育教学改革的成果，提供多种形式的共享教学资源，这样大大增强了学习内容的趣味性和参与性。

本教材的分工如下：

项目一，齐军（淄博电子工程学校）；项目二，赵燕（淄博市工业学校）；项目三邱楹，（淄博理工学校）；项目四，孙晓、郭金枝（山东药品食品职业学院、高青县职业中等专业学校）；项目五，吕晓玲（淄博机电工程学校）；项目六，李铁峰（淄博工贸学校）；项目七，范艳艳（淄博建筑工程学校）；项目八，易艳（淄博信息工程学校）；岳晓旭（淄博理工学校）为本教材设计了插图。淄博市职业学校的创新创业教育负责人在教材编写过程中做了大量工作，山东科苑创业服务公司王立杰为市场人才需求调研提供了大量的帮助，在此表示感谢。

由于时间和编者水平所限，书中难免有疏漏和不妥之处，恳请同行、专家及读者批评指正。

编　者

2019年11月

目　录
CONTENTS

项目一

展开创新之翼

想别人不敢想的，你已经成功了一半；做别人不敢做的，你就会成功另一半。

——爱因斯坦

学习指南

习近平总书记说："创新是一个民族进步的灵魂，是一个国家兴旺发达的不竭源泉，也是中华民族最鲜明的民族禀赋。"在激烈的国际竞争中，唯创新者进，唯创新者强，唯创新者胜。尤其在人类进入知识经济时代以来，创新能力已成为一个国家、一个地区、一个企业乃至一个人核心竞争力的决定性因素。当前，我国已进入全面建成小康社会的决胜阶段，经济发展已进入新常态，既要保持经济的中高速增长，又要向中高端水平迈进，根本出路在于创新。青年是社会上最富活力、最具创造性的群体，理应走在创新的前列。青年人要有逢山开路、遇河架桥的意志，为了创新创造而百折不挠、勇往直前。

相信通过本项目的学习，你可以达到以下目标：

1. 认识创新，掌握创新的含义、类型与意义；

2. 在心中种下创新的种子，能根据自身的特点开发自己的潜能；

3. 主动培养创新能力、培育创新精神；

4. 增强创新创业的信心。

任务一　认识创新

子任务一　什么是创新

◎ 任务描述

理解领会创新的含义。

◎ 活动步骤

第一步，通过网络了解创新的含义；

第二步，小组讨论对创新的理解；

第三步，试着给出创新的定义。

案例导读

一锅石头汤

什么叫创新?《伊索寓言》里的一个小故事给我们一个形象的解释：

一个暴风雨的日子，有一个穷人到富人家讨饭。

“滚开！”仆人说，“不要来打搅我们。”

穷人说：“只要让我进去，在你们的火炉上烤干衣服就行了。”仆人以为这不需要花费什么，就让他进去了。

这个可怜人，这时请厨娘给他一个小锅，以便他“煮点石头汤喝”。

“石头汤？”厨娘说，“我想看看你怎样用石头做成汤。”她就答应了。于是穷人到路上捡了块石头洗净后放在锅里煮。

“可是，你总得放点盐吧。”厨娘说。她给他一些盐，后来又给了豌豆、薄荷、香菜。最后，又把能够收拾到的碎肉末都给他放进了汤里。

当然，您也许能猜到，后来这个穷人把石头捞出来扔回路上，美美地喝了一锅肉汤。

思考与讨论：

1. 试想一下，如果这穷人对仆人说，“行行好吧！请给我一锅肉汤”，会得到什么结果？

2. 讨论并分析在你生活的周边，有哪些可以改变的地方。

相关知识

在绵延五千多年的历史长河中，富有创新精神的中华民族创造了灿烂的科技文化，对人类的科技进步和经济发展做出了巨大贡献。中国古代的四大发明——活字印刷术、指南针、造纸术和火药，曾在世界文明史上写下了光辉的篇章，当代的“新四大发明”——高铁、移动支付、共享单车、网购，也在改变着人们的生活。创新，已经成为引领我国经济发展的第一动力。

“大众创业、万众创新”的提出

一、认识创新

（一）什么是创新

创新一词起源于拉丁语，原意有三层含义：第一，更新；第二，创造新的东西；第三，改变。我们可以将其定义为：创新是指人类提供前所未有的事物的一种活动。

任何创新都必须是一种首创活动。因为首创的参照对象不同，创新也有广义和狭义两种不同的含义。

广义的创新是指，虽然相对于其他人我们不是第一个，但相对于我们自己来说，是第一，是首创。比如，班级搞了一场与往年形式不同的新年联欢会，学校推行了新的工作方法，进行了某些方面的改进等。

狭义的创新是指，相对于其他人或全人类来说，我们是第一，是首创。比如，爱因斯坦发现相对论，爱迪生发明电灯等。

凡事先易后难，我们可以从广义的创新开始做起。只要我们相对于自己，有新的想法或做法、有新的观念或设计、有新的方法或途径，这就是创新。但是，广义的创新并不是我们的最终目的，因为更有价值的创新不是相对于我们自己的，而是相对于他人和社会的，真正具有推动社会进步意义的还是狭义的创新。

熊彼特的创新概念

创新小故事

王永庆卖米

台塑集团的创始人王永庆先生备受各界推崇，是一位令人尊敬的华人企业家，被誉为“经营之神”。

但王永庆创业是从卖米开始的。

16岁的王永庆因家贫辍学，从老家来到台湾嘉义，开了一家米店。那时，小小的嘉义已有近30家米店，竞争非常激烈。而他的米店开办最晚，规模最小，没有任何优势。怎样才能打开销路呢?

那时候的台湾，农业还处在手工作业状态，由于稻谷收割与加工的技术落后，很多小石子之类的杂物很容易掺杂在米里。人们在做饭之前，都要淘好几次米，还得拣掉石子，很不方便。但大家都已见怪不怪，习以为常。

功夫不负有心人，王永庆就从这司空见惯的现象中找到了突破口。他和两个弟弟一齐动手，一点一点地将夹杂在米里的秕糠、沙石之类的杂物拣出来，然后再卖。一时间，小镇上的主妇们都说，王永庆卖的米质量好，省去了很多麻烦。这样，一传十、十传百，王永庆米店的生意日渐红火起来。

王永庆还增加了“送货上门”的服务方式，这在当时也是一项创举。更重要的是，在送货上门时，他还做了以下工作：

第一，在送米上门的同时，他还总是见缝插针地做一些精心的统计。比如这户人家有几口人，每天用米量是多少，需要多长时间送一次，每次提多少，他都一一列在本子上，据此估计该户人家下次需要送米的时间。到时候，不等顾客上门，他就主动将相应重量的米送到顾客家里。

第二，在送米的时候，王永庆还细心地为顾客擦洗米缸，记下米缸的容量，如果米缸里还有陈米，他就将陈米倒出来，把米缸擦干净，再把新米倒进去，然后将陈米放回上层，这样，陈米就不至于因存放过久而变质。王永庆这一精细的服务令顾客深受感动，赢得了很多顾客的心。

第三，王永庆还会了解顾客家发工资的日子，并记录下来，然后在他们发了工资一两天内去讨米钱。

王永庆这些精细、务实、跟别人不一样的服务，使嘉义人都知道在米市马路尽头的巷子里，有一个卖好米并送货上门的王永庆。王永庆就是这样从小小的米店生意开始了他后来问鼎台湾首富的事业。

从王永庆成功的例子中我们可以得出以下结论：不要以为创新就非得轰轰烈烈、惊天动地，把卖米这样细小的工作做好同样也是一种了不起的创新！

（二）创新的特征

创新是人类特有的、在意识支配下进行的创造性活动。创新具有以下几个方面的特征：

一是目的性。任何创新活动都有一定的目的，这个特性贯穿于创新过程的始终。

二是变革性。创新是对已有事物的改革和革新，是一种深刻的变革。

三是新颖性。创新是对现有的某些事物的扬弃，革除其过时的内容，确立新事物。

四是超前性。创新以求新为灵魂，具有超前性。这种超前是从实际出发、实事求是的超前。

五是价值性。创新有明显、具体的价值，对经济社会具有一定的效用。

创新小故事

充气雨衣

现在普通的雨衣穿起来下摆总爱贴在裤腿上，这样雨水就会流到鞋里，所以人们越发不爱使用雨衣。充气雨衣在普通雨衣的下摆边添装一条可充气的、适当粗细的空塑料管子，使用时往管子中吹气，雨衣下摆就被撑起，这样就可以避免裤腿和鞋子被淋湿。

全球DI创新思维大赛

（三）创新的分类

创新虽有大小、层次之分，但无领域、范围之限。虽然创新的种类是无穷尽的，但是若按属性划分，可以将其分为知识创新、管理创新、方法创新和技术创新四大类。

1. 知识创新

知识是人们在探索、利用或改造世界的实践中所获得的认识和经验的总和。知识创新，就是对现有的知识构成要素进行新的组合或分解，是在现有知识基础上的进步或发展、发明或创造。人们一般将知识分为自然科学知识和社会科学知识两类。因此，知识创新也可以进一步划分为自然科学知识创新和社会科学知识创新。

创新小故事

五易画风的白石老人

齐白石，本是个木匠，靠着自学成为画家，并荣获世界和平奖。然而，面对已经取得的成功，他永不满足，不断汲取历代名画家的长处，改变自己作品的风格。他60岁以后的画风明显不同于60岁以前。70岁以后，他的画风又变了一次。80岁以后，他的画风再度发生变化。据说，齐白石一生曾五易画风。正因为白石老人在成功后仍然马不停蹄，他晚年的作品比早期的作品才更为成熟，形成独特的流派与风格。

2. 管理创新

管理创新，就是对现有的管理构成要素进行新的组合或分解，是在现有管理基础上的进步或发展、发明或创造。管理创新可以进一步分为行政管理创新、企业管理创新、事业管理创新、团体管理创新和个人管理创新。

3. 方法创新

方法，是指人们在探索、利用或改造世界的实践中积累起来的观察问题、分析问题或解决问题的途径、程序或诀窍等。虽然人类已掌握的方法和未来的方法种类都是无穷无尽的，但是它们的本质是相同或相似的。方法创新，就是对现有的方法构成要素进行新的组合或分解，是在现有方法基础上的进步或发展、发明或创造。方法创新是永无止境的，方法创新的种类也是无穷尽的。

创新金言

谁能在原先只长单叶草的土地上种出双叶草，那么他就要比所有思辨的哲学家或是玄奥的系统创造者更有功于人类。

——英国作家　乔纳森·斯威夫特

4. 技术创新

"技术"一词一般有两个方面的含义：一是指人们在探索、利用和改造自然界和社会的各种物质或现象的过程中积累起来，并在生产劳动或社会实践中体现出来的经验和知识；二是泛指各种操作技巧。

技术创新，就是对现有的技术构成要素进行新的组合或分解，是在现有技术基础上的进步或发展、发明或创造。技术创新包括开发新技术，或者将已有的技术进行应用创新，可分为自然科学技术创新和社会科学技术创新。

创新小故事

电话的发明

1849年，安东尼·穆奇从生活中得到偶然启发，开始研究被他称为"远距离传话筒"(teletrofono)的装置。1860年，穆奇在纽约用意大利语公开演示了如何操作使用"远距离传话筒"系统。后因一系列意外和资金问题，穆奇被迫放弃"teletrofono"的专利并暂时中止了研究计划。

同一时期，贝尔和爱迪生也先后了解了穆奇发明的装置，并在此基础上进行了各自的实用新型改进，贝尔研究出来的是电话机，爱迪生研究出来的是留声机。

1875年3月的一天，贝尔打电话给他的助手："沃森先生，请过来下，我需要你。"这是世界上的第一通电话，该发明推出4年后，美国就拥有了5万台电话，20年后，发展到500万台，电话的出现彻底改变了人们沟通的方式。

子任务二　为什么要创新

◎ 任务描述

创新作用大家谈。

◎ 活动步骤

第一步，通过网络、报刊等途径查询，或者了解你身边的真实事例，了解创新对人类、国家、企业和个人的重要作用；

第二步，小组讨论创新的重要作用；

第三步，以"创新的作用"为主题，出一期板报。

案例导读

没有创新，就等于死亡

法国心理学专家约翰·法伯曾经做过一个著名的实验：把许多毛毛虫放在一个花盆的边缘上，首尾相连，围成一圈，并在花盆周围的不远处撒了一些毛毛虫比较爱吃的食物。毛毛虫开始一个跟着一个，绕着花盆的边缘一圈一圈地走，一个小时过去了，一天过去了，又一天过去了，这些毛毛虫还是夜以继日地绕着花盆的边缘在转圈，一直走了7天7夜，它们最终因为饥饿和精疲力竭而相继死去。约翰·法伯曾设想：毛毛虫会很快厌倦这种毫无意义的绕圈而转向它们比较爱吃的食物，遗憾的是，毛毛虫并没有这样做。

这个悲剧产生的原因是毛毛虫的盲从，毛毛虫总习惯于固守原有的本能、习惯、先例和经验。如果有一条毛毛虫能够破除尾随的习惯转向去觅食，就完全可以避免悲剧的发生。所以，没有创新，就等于死亡！

思考与讨论：

1. 从毛毛虫的实验中，你得到了什么启发？
2. 讨论一下，创新对中职生的发展有什么意义？

相关知识

当今是创新的时代，创新意识已成为时代的主流意识，创新已成为时代精神。创新出思路，创新出办法，创新出成就。因循守旧、墨守成规、不思进取，必将被历史和时代所淘汰。

一、人类社会需要创新

一部人类文明史就是创新性实践活动的发展史。在早期的原始社会中，人类的实践水平极其低下，只有简单的、自发的常规性实践。进入农业社会后，生产力得到提高，但经济形态仍是以消耗自然资源和人力劳动为主的自给自足式的自然经济，创新性实践是偶然的、局部的。

工业社会以大机器的使用、能源资源的大规模消耗和专业化分工下的技术工人的劳动投入为主要生产模式，维系工业化大生产所需的常规性实践与持续涌现的科技创新、制度创新等创新性实践相互作用、相互促进，产生出前所未有的强大生产力。

进入21世纪，在快速的信息化、全球化浪潮中，新一轮科技和产业革命迸发出巨大的创造力，“互联网+”、智能制造、生物技术、材料技术的突飞猛进，不仅改变着经济生产形态和市场格局，也重塑着人们的生活方式、交往方式、价值观念等。创新正从科技和经济领域向社会其他各个领域延伸，成为推动社会发展的主要动力。在科学技术高速发展的今天，创新显示出不可估量的作用，创造着层出不穷的奇迹。

二、国家发展需要创新

创新始终是推动一个国家、一个民族向前发展的重要力量。一个国家只有拥有强大的自主创新能力，才能在激烈的国际竞争中把握先机、赢得主动。

中国人口众多，市场庞大。改革开放以来，中国经济从1978年至2011年，在这长达33年的时间里保持了年均9.87%的高速增长。在如此长的时间跨度内，实现接近两位数的高速增长，可以说是取得了举世瞩目的经济奇迹。以国内生产总值（GDP）计，中国已成为世界第二大经济体。中国经济对全球其他地区的影响举足轻重。

然而，过去几十年来，中国经济严重依赖低成本策略，但这种低成本策略是不可持续的。中国的劳动力、材料和土地成本已大幅上升，中国的制造成本与邻国的竞争日益艰难。很明显，中国经济正面临着跨越中等收入阶段的难关。

如何解决这些问题？中国如何跻身高收入国家之列？我们能找到的答案就是“创新”，创新将成为使中国从中等收入国家向高收入国家迈进的主要动力。

在我国加快推进社会主义现代化、实现“两个一百年”奋斗目标和中华民族伟大复兴中国梦的关键阶段，必须始终坚持抓创新就是抓发展、谋创新就是谋未来，让创新成为国家意志和全社会的共同行动，走出一条从人才强、科技强到产业强、经济强、国家强的发展新路径，为我国的未来创造一个新的增长周期。

三、企业发展需要创新

创新是一个企业发展的动力。一个不知创新而只知墨守成规的企业，最终只能被市场所淘汰，被消费者抛弃。

创新是一个企业增强竞争力的法宝。在相同销售价格和质量的情况下，谁的生产成本低，谁就有降低销售价格的空间，谁就有可能占据更大的市场，获得更大的利润。而降低成本的关键就是创新。如果企业发挥自己的创新意识，改进生产方式与生产的组织结构，改良产品，开辟和寻找新的原料产地与市场，那么这个企业便可以不断降低成本，从而增强在市场上的竞争力，获得更大的利润和市场竞争力。

目前，我国虽然被冠以“世界工厂”的称号，实际上却是很多外国企业的生产基地和消费市场。劳动力是我们中国的，资源消耗是我们中国的，环境破坏是我们中国的，而我们拿到的只是微薄的利润。因而中国企业更要加强对创新的重视程度，敢于投资创新。

创新小故事

诺基亚跌落神坛

诺基亚前任CEO约玛·奥利拉在其回忆录《不可能的成功》中写道："由于遭受到来自智能手机及亚洲廉价手机厂商的多方夹击，诺基亚自2001年之后便无法继续引领无线通信行业的创新。多款诺基亚手机产品遭遇滑铁卢，而公司却未能意识到手机行业的发展趋势，比如触摸屏手机和折叠式手机等。"与此相反，其竞争对手苹果公司却因为创新一步步走向成功。

奥利拉在书中写道："不过，苹果却设法创造出了一个全新的产品，一个完美的用户体验和解决方案，让手机成为服务和应用生态系统的中心。一个全新的生态系统诞生，而这是诺基亚无法做到的。"

四、个人发展需要创新

创新是知识经济时代对人才的基本要求之一。

（一）创新是获取知识的关键

知识经济时代，随着知识增长速度的加快和更新周期的不断缩短，知识转化的速度猛增，对知识的选择、整合、转换和操作要比对知识的接受更加重要。中职学生最需要掌握的是那些涉及面广、迁移性强、概括程度高的"核心"知识，而这些知识不是靠言语传授而获得的，只能通过发挥自身的创新能力，通过主动地"构建"和"再创造"获得。

（二）创新意识是终身学习的保证

当今社会，学习正由阶段教育向终身教育转化，学习将成为个人生存、竞争、发展和完善的第一需要。在知识无限膨胀、更新周期迅速缩短的情况下，在未来的社会，职业将变得更加不稳定。只有在创新意识的指引下，中职学生才有能力在毕业之后，利用各种有利条件，根据所从事的工作不断完善自身的知识和能力结构，达到完善自我和适应社会的目的。

（三）创新决定我们的未来

创新是一个人综合能力的一种表现，它是以深厚的文化底蕴、高度综合化的知识、个性化的思想和崇高的精神境界为基础的。创新思维的有与无，将决定一个人的发展前途；创新能力的高与低，将决定一个人事业发展的天地。古今中外，但凡在事业上有所建树、有所作为的人，都是创新能力很强的人。他们靠智慧、靠特色、靠创新、靠点子，开拓出了事业上的一片广阔天地。

习近平总书记给第三届中国“互联网+”大学生创新创业大赛“青年红色筑梦之旅”的大学生的回信

任务二　创新能力与创新精神

子任务一　培养创新能力

◎ 任务描述

改变我自己。

◎ 活动步骤

第一步，个人思考：在你的生活和学习中有哪些不便之处？

第二步，和同学讨论，这些不便之处有没有可能改变，如何改变？

第三步，尝试把解决方案具体化，并写下来。

第四步，继续思考，想想还有其他的解决方案吗？

案例导读

工程师与工人

我国某日化公司引进了一条国外肥皂生产线。这条生产线从肥皂的原材料加工到成品包装装箱可以自动完成。

但是，意外发生了：销售部门反映有的肥皂盒是空的。于是，这家公司立刻停止了这条生产线，并与生产线制造商取得联系，却得知这种情况在设计上是无法避免的。

经理要求工程师们解决这个问题，于是成立一个以几名博士为核心、十几名专业技术人员为骨干的团队。在耗费数十万研究经费后，工程师们在生产线上放了一套X光机和高分辨率监视器，当机器对X光图像进行识别后，一条机械臂会自动将空盒从生产线上拿走。

另外一家企业也遇到了同样的情况，老板对生产线上的工人说：你一定要解决这个问题。于是这个工人找来一台电风扇，摆在生产线旁，另一端放上一个箩筐。装肥皂的盒子逐一在风扇前通过，只要有空盒子便会被吹离生产线，掉在箩筐里。问题就这样轻松解决了。

思考与讨论：

1. 这两种解决问题的方法你更喜欢哪一种？为什么？

2. 你还能想出哪些解决上述问题的办法？

相关知识

在科学技术飞速发展的今天，创新精神和创新能力越来越成为决定一个国家、一个企业和一个人竞争力的最重要因素。

一、认识创新能力

（一）什么是创新能力

创新能力，是指个体运用已有的基础知识和可以利用的材料，并利用已掌握的相关学科的前沿知识，从而产生某种新颖、独特且有价值的思想、观点、方法或产品的能力。

（二）创新能力的特点

1. 创新能力人人都有

决定创新能力的是人的大脑，只要脑细胞发育正常，每个人都有创新能力。研究表明，在婴幼儿时期，我们和爱因斯坦、爱迪生拥有几乎相同的创新能力。这一结论打破了“天才论”，纠正了人们过去一直认为的创造只是少数人的所为、普通人可望而不可即的错误思想，揭开了创新的神秘面纱。

2. 创新能力需经过开发才能释放

创新能力是一种潜力，必须经过开发才能表现出来。每个人的创新能力大致相同，即便是有区别，也没有数量级的区别。开发的程度不同，每个人的创新能力就不同。只要我们去开发，创新能力就会得以释放；不断开发，就会不断释放，我们的创新能力就会不断提高，人人都可以成为创新的强者。

3. 创新能力无穷无尽

正常人长到12岁以后，脑细胞基本发育成熟，其总数量达到140亿个。这140亿个脑细胞意味着，如果我们能够使大脑发挥其一半的工作能力，就可以轻而易举地学会40种语言，学完数十所大学的课程，拿到12个博士学位。

研究表明，普通人在一生中只用了全部脑细胞的3%～5%，95%～97%的脑细胞未被开发利用，杰出的科学家也只不过用了大脑资源的1/10。经科学家研究发现，爱因斯坦的脑细胞数量及重量与常人一样，只是脑细胞之间的触突较多，说明他用脑较多，但也只是用了全部脑细胞的30%，依然有70%的脑资源未被开发利用。

因此，我们可以得出结论，相对于有限的生命来说，我们有着无限的脑资源。无限的脑资源中自然也潜藏着无限的创新能力。只要我们去开发，每个人都有可能成为创新人才。

二、培养创新能力

（一）创新能力的构成

创新能力作为一个系统、综合的概念，是各种基本能力的组合。创新能力通常包含以下几种基本能力：

1. 发现问题的能力

发现问题的能力，是一种发现那些让人难以察觉的、隐藏在习以为常的现象背后的问题的能力。表现为意识到存在于周围环境中的矛盾、冲突、需求，意识到某种现象的隐蔽未解之处，意识到寻常现象中的不寻常之处。

创新金言

在科学上，每一条道路都应该走一走。发现一条走不通的道路，就是对于科学的一大贡献。

——爱因斯坦

2. 流畅思维能力

流畅思维能力，是指就某一问题情境能顺利地产生多种不同的反应，给出多种解决办法和方案的能力。我们常用“思如泉涌”“下笔如行云流水”等词来形容思维流畅的人。思维流畅对创新具有重要意义，意味着有更多的机会产生有创新意义的设想。当然，我们提出的设想不一定每一个都正确，有创见性的设想也不是一下子就能在头脑中形成的。但是，提出的设想越多，出现有创新性设想的机会也就越多。

3. 变通能力

变通能力，是指思维迅速地、轻易地从一类对象转变到另一类对象的能力。它能从某种思想转换到另一种思想，或是能多角度地思考问题，能用不同方法或不同方式研究问题。具有变通能力的人，一般都能根据客观情况的变化机智地解决问题，在思维中灵活应变，不囿于条条框框，敢于提出新观点；而缺乏变通能力的人，往往机械呆板、墨守成规，缺乏创新精神。

创新小故事

“化学原子论”的提出

19世纪，英国化学家道尔顿提出了“化学原子论”，恩格斯称誉他为“近代化学之父”。当时，他是一位气象学家，他原来研究的是水吸收气体和大气吸收水等物理问题。他认为，气体发生混合同水吸收气体都是一种没有亲和力作用的过程。正是由于道尔顿头脑里没有当时化学家用来解释混合物和化合物的区别的亲和力理论，而是从大气物理的角度进行考察，他才从当时使化学家感到迷惑不解的溶液均匀性问题中揭示出关于元素化合物的倍比定律，并且进一步提出了“化学原子论”。

4. 独创能力

独创能力，是一种寻求不同寻常的思想和新奇的、独特的解决问题的方法的能力，是一种求新求异的能力。具有独创能力的人往往与他人不同，这类人独具卓识，能提出新的创见，做出新的发现，实现新的突破。而缺乏独创能力的人只会模仿和盲从，只知道遵从传统习惯，而不进行变革、突破。

5. 制订方案的能力

实现创新的过程不可能是一帆风顺的，其中必然会遇到许多挫折和失败。为此，需要拟订多套方案以备选择。解决同一问题可以用多种方法，这些方法之间并不是互相排斥的关系，而是互相补充、互相融合的，可以取其所长、去其所短。如果只找到一种方法，就难以相互比较方法的好坏，就没有选择的余地。

6. 评价能力

评价能力是指通过评审，从许多方案中选择出一种方案的能力。在创新活动中，只有冲破束缚，解放思想，才能提出大量的设想、构思和方案。多种方案中，除了个别的可能是“闪光”的设想外，还不可避免地伴随着大量的在技术上、经济上暂不可行的设想。因而需要通过评价，来选出在技术上和经济上可行的、有希望获得成功的方案。

创新金言

对新的对象务必创出全新的概念。

——柏格森

（二）创新能力培养的方法和途径

长久以来，创新本身的复杂性给创新蒙上了一层神秘的面纱，创新能力被视为少数人的天赋。但大量的事实证明，创新能力不仅属于天才，普通人经过开发训练，一样可以培养、提升创新能力，进行创新活动。

1. 注重创新个性

创新个性，是指在对待事物的态度方面，能具备从事创新活动所必需的、正常的、健全的心理。创新人才应具备以下个性心理品质：（1）有高度的自主性和独立性，不肯与他人雷同；（2）富于幻想，敢于大胆假设，勇于冒险，善于抓住机遇不放；（3）思维灵活敏捷；（4）兴趣广泛，有旺盛的求知欲和强烈的好奇心；（5）具有坚忍不拔的毅力和科学的探索精神等。

2. 消除主观障碍

影响我们发挥创新能力的主观障碍包括受传统观念的束缚、不加批判地学习和固执己见等。任何创新都是在继承的基础上进行的，广博的知识基础能促进人的创新思维活动。但是，如果在学习过程中只继承不批判，机械地照搬别人的知识，就不利于创造性思维的发展，从而影响创新能力的提升。因此，在创新的过程中，应保持思维的批判性，在学习前人知识的基础上做到批判地吸收。

3. 优化知识结构

知识是人类进行观察、思考和想象的基础。虽然知识的多少和创新能力的大小并不成正比，但二者有着内在的关联，必要的知识储备是创新活动的前提。因为任何创新都是对旧有的知识、理论、方法和规范的突破，如果对前人的知识、技能不能很好地继承与优化，不能融会贯通，就很难有所突破，很难提出自己新的思想、观点和方法。

4. 掌握创新方法

科学的创新理论和创新方法是科学家们在长期的科学创造实践中探索总结出来的，对创新能力的培养与提高具有很强的指导意义。学习和掌握一些科学的创新理论与方法，是培养与提高创新能力的关键途径。我们需要掌握以下三点：第一，辩证唯物主义世界观和方法论。遵循辩证唯物主义的认识路线，用正确的认识论指导自己的实践，可以在创新活动中少走弯路。第二，创造学基本原理，创新活动的内在机制、基本过程和内容。第三，常见的创新思维方法和创新技法。

5. 参加创新实践

社会实践是人类能动地改造自然和社会的活动，我们应充分认识到社会实践对创新活动的重要性。一切创新的内容都来源于社会生活，来源于社会需求。所以，我们要多参加社会实践活动，如积极参加社会调查活动、社会实习活动、课外兴趣小组活动，以及参与科研课题的研究工作等。

子任务二　培育创新精神

◎ 任务描述

随着电子产品的普及，充电宝在人们的生活中发挥着越来越重要的作用。请设计一款新型充电宝。

◎ 活动步骤

第一步，请思考，如果让你设计一款新式充电宝，你会怎样做呢？分小组讨论并提出设计想法。

第二步，分别展示各小组的设计理念，评选出一种或几种最具创意的设计。

第三步，反思：小组讨论过程中对于一些“不可思议”的想法是否急于否定了？你认为自己是否具备积极创新的精神及主动创新的意识？

案例导读

中职生作品斩获创新创业大赛特等奖

在北京2015国际大学生创新创业大赛中国总决赛比赛现场，17岁的王一汀，正站在200余位专家评委面前，代表某中等职业学校团队做3分钟的答辩。

她镇静自若，胸有成竹地向评委们讲解电动自助购物车的功能、创新点和应用前景，像一位小科学家般如数家珍。答辩结束后，大赛评委、点亮投资管理有限公司合作人郭峰给出了这样的评价：“这些小小创客们从实际生活需求出发进行创意创作，创新能力甚至比大学生还要强！”

王一汀团队成功了！就在获奖名单公布的那一刻，赵振铎和他的4个学生喜出望外，他们感到8个多月以来所付出的汗水没有白流，庆幸一直以来坚信“I can”！

他们的参赛作品电动自助购物车是王一汀做给奶奶的礼物。

有一次王一汀看到年过六旬的奶奶买菜回来后吃力地爬楼梯，她突发奇想：要是奶奶有一辆能上下楼梯的购物车就好了。可是，她上网查了很久都没有找到。

现实中没有，可以自己发明制造啊！王一汀随即把这一想法告诉了老师赵振铎。赵老师非常支持，鼓励她着手实施，由王一汀等4名年轻人组成创业团队，他们的创新梦想由此点燃。

电动自助购物车首先需要电力，他们准备焊接两个12伏的电机。可是，难题出来了——电机皮太薄，无法焊接。为此，王一汀和队友们纠结了好多天。赵老师一直在帮助他们查资料、想办法，学校也不计成本地提供各种试验材料。几天后，赵老师告诉他们：“试一试铁皮包装法吧。”这个方法成功了。之后，他们又集思广益，逐一为购物车添加三角轮、手电、水壶架、安全带、手刹、购物袋等，使购物车的功能更加完善。在此期间，学校帮着联系企业，为购物车的研制争取了资金。

为了检验购物车的性能，5月份，王一汀把制作好的购物车带回家让奶奶试用。奶奶高兴而出，却大汗淋漓而回。原来，购物车没有长足电力！针对这一问题，她们联想到老人一般都是白天外出购物，便又为车添加了太阳能板。一次，王一汀在室外进行试用时正赶上下雨，而当时购物车的线路都在外面，差点造成短路。思考再三，他们又把线路全部布设在购物车的框架中，这样不但解决了问题，而且购物车也变得更为美观。还有一次，王一汀放学回家途中征求一位老爷爷的意见建议，那位爷爷说：“我们老年人大都喜欢听戏曲，要是车上能放音乐就好了。”于是，购物车上又添加了音乐播放器……

斩获特等奖的电动自助购物车，就这样诞生了。

思考与讨论：

1. 王一汀和她的团队的成功，给你带来什么启发？

2. 你认为中职生和大学生相比，在创新方面存在哪些优势和劣势？

相关知识

你讨厌人云亦云，唯书唯上吗？你喜欢坚持独立思考吗？你喜欢追求新颖独特、异想天开、与众不同吗？你喜欢灵活地应用已有的知识和能力解决问题吗？如果你回答“是”，那么恭喜你，你是一个具有创新精神的人。

一、认识创新精神

（一）什么是创新精神

创新精神，是指具有能够综合运用已有的知识、信息、技能和方法提出新方法、新观点的思维能力，以及进行发明创造、革新的意志、信心、勇气和智慧。

（二）创新精神的构成

1. 好奇心

好奇心是一种强烈的求知欲和追根究底的探索精神。要想在创新领域获取成功，就必须有强烈的好奇心。如果你能提出问题，说明你在思考问题；如果提不出问题，那才是最大的问题。

创新金言

我没有特别的天赋，我只有强烈的好奇心。

——爱因斯坦

2. 怀疑态度

怀疑是内在的创造潜能，它激发人们去钻研，去探索。许多科学家对旧知识的扬弃、对谬误的否定，无不自怀疑开始。对待我们所学习或研究的事物，我们应做到：不要迷信任何权威，应大胆地怀疑。怀疑，是我们进行创新的出发点。

创新小故事

两个铁球同时落地

古希腊学者亚里士多德认为，物体下落的快慢是不一样的。它的下落速度和它的重量成正比，物体越重，下落的速度越快。人们一直把这个违背自然规律的学说当成不可怀疑的真理。

但年轻的伽利略根据自己的经验推理，大胆地对亚里士多德的学说提出了疑问。经过深思熟虑，他决定亲自动手做一次实验。他选择以比萨斜塔作为实验场。这一天，他带了两个大小一样但重量不等的铁球，一个重10磅，是实心的；另一个重1磅，是空心的。伽利略站在比萨斜塔上面，望向塔下。塔下面站满了前来观看的人，大家议论纷纷。有人讽刺说："这个小伙子的精神一定是有问题！亚里士多德的理论不会有错的！"实验开始了，伽利略两手各拿一个铁球，大声喊道："下面的人们，你们看清楚，铁球就要落下去了。"说完，他的两只手同时张开。人们看到，两个铁球平行下落，几乎同时落到了地面上。所有的人都目瞪口呆了。伽利略的实验，揭开了落体运动的秘密，推翻了亚里士多德的学说。这个实验在物理学的发展史上具有划时代的重要意义。

3. 追求创新的欲望

如果没有强烈的追求创新的欲望，那么无论怎样谦虚和好学，最终只会模仿或抄袭，在前人的圈子里周旋。要创新，我们就要坚持不懈地努力，勇敢面对困难，敢于追求创新，要相信失败乃成功之母。

4. 求异的观念

创新不是简单的模仿，要有创新精神和创新成果，必须要有求异的观念。求异实质上就是换个角度思考、从多个角度思考，并将结果进行比较。求异者往往看问题更深刻、更全面。

5. 冒险精神

创新实质上是一种冒险，因为否定人们习惯了的旧思想可能会招致公众的反对。这种冒险不是危及生命安全的冒险，而是一种合理性冒险。我们要最大限度地挖掘自己的创造潜能，勇于冒险。

二、如何培育创新精神

（一）多掌握知识

首先，要多积累知识。要发挥我们青少年记忆力强的特点，尽量多读书，多积累知识。其次，要树立不断学习的观念。社会不断发展，科技不断进步，知识不断更新，要跟上时代步伐，就要不断学习。再次，要培养自己的兴趣。

（二）多总结经验教训

注意发现和总结前人创新的经验教训。这个过程可以让我们发现创新中的很多问题，通过改变方法和途径，成功地解决一些我们目前遇到的难题。

（三）多借鉴和组合他人经验

将他人的经验与自己的创新进行完美结合，在实践中提高创新能力和创新意识。

任务三　创新与中职生的关系

子任务一　认知自我

◎ **任务描述**

同学们尝试从多角度认知自我。

◎ **活动步骤**

第一步，分析自己有哪些优点和缺点。

第二步，思考这些优点和缺点对自己生活学习的影响。

案例导读

邂逅最美的自己

小许是淄博某中职学校2016级电子电器应用与维修专业的一名普通学生，他是一个在生活和学习上是总喜欢问为什么的人。一次他和父亲在路口等待绿灯，父亲说："绿灯时间这么短，看看路上车堵成什么样了！"父亲一句随口的抱怨他记在了心里。某天在专业实训课上，老师正在讲解PLC红绿灯控制程序，他提出了自己的问题：能不能根据车流量多少来控制每种信号灯的时长，以解决路口堵车的问题？于是在老师的支持下，许同学与几名兴趣相投的同学开始了实验与探索，不论是相关器件选择，还是一次次地调试设备，许同学和他的团队不厌其烦，熬了数不清的夜晚。经历了一次次失败，他们终于在2018年7月完成了样机的制作与调试。2018年8月许同学以"基于车流量、上位机远程自主设置交通灯延时时间的自动控制装置"创业项目参加淄博市黄炎培职业教育创新创业大赛，并获得一等奖，直接入围省赛。又经过一个多月的修正，9月20日参加山东省黄炎培职业教育创新创业大赛，经过角逐，从全省483组学生中脱颖而出，斩获山东省黄炎培职业教育创业与创新一等奖！这样的好成绩直接让他进入国赛，并代表山东省中等职业学校与来自全国各地的中职、高职、应用型本科共计120个项目同台比拼，获得了第二届黄炎培职业教育创新创业大赛全国中职组银奖、最佳人气奖。

赛后，许同学自己总结道：偶然的想法、立即的行动、不懈的努力是他一路走来最大的收获。2018年12月，许同学荣获“2018年淄博市最美中职生标兵”称号。

思考与讨论：

1. 试想一下，如果只有想法而没有后面的努力与付出，许同学会取得今天的成绩吗？

2. 和同学们讨论一下，当自己有创意或者想法时，我们可以利用自身哪些优势立刻行动起来？

相关知识

对于某些同学来说，进入中等职业学校（俗称“中职”或“中专”）就读，并不是他们的第一志愿或者选择。这些同学，有的是刚刚经历过中考的失利，也有的是听从了父母亲人的建议，只有极少的同学是抱着成为一线劳动者的心态走进中职学校大门的。

古罗马哲学家塞涅卡说过，“如果一个人不知道他要驶向哪个码头，那么任何风都不会是顺风”。既然来到了中职学校，同学们就要“既来之，则安之”，正确认知自己，将这里当作自己梦想启航的地方。

一、明确劣势

（一）缺乏自信或者盲目自信

在之前的学习阶段，有的同学由于成绩落后，所以在内心深处形成诸如：“我就是不如某某同学”“我就该干不成某件事”的想法，同时社会上也存在着对职业教育的某些偏见，这些都让中职学生对自己的未来缺乏希望和信心，甚至存在“认命”的不正确思想。正是在这些心理和想法的作用下，中职学生在遇到困难或者问题时，想到的就是逃避或者近乎偏执的面对，甚至是通过某些过激的言行来证明自己比别人强大。

（二）缺乏自控能力

中职学生大多在16至18岁，他们从生理上已经非常接近成年人，往往从心理上将自己看做是成年人，渴望享受与成年人平等的社会地位与权力，渴望摆脱对父母、老师的依赖，这其实是人在发展过程中独立人格建立的过程。此时期的中职学生在生理和心理上都有了迅速发展和转变，但他们无论是在物质还是精神上却都缺乏必要和充足的准备，做事情仅凭自己的直觉甚至是喜好，也不考虑事情后果及他人感受。久而久之，他们就会放任自己，丧失自控能力。拿破仑曾说“能控制好自己情绪的人，比能拿下一座城池的将军更伟大”，发脾气是你的本能，但是能控制发脾气是你的本事。所以作为即将年满18周岁的准成年人要学会自控。

二、明确优势

（一）思维活跃、头脑灵活

中职学生正处于青春期，随着生理、心理的逐渐成熟，他们对周围的事物充满好奇，渴望探索，如果不加以正确的引导，学生多余的精力无处释放，那就会在日常的学习和生活中给师长制造“麻烦”，但仔细品味这些“麻烦”，有的还能体现同学活跃的思维。

（二）善于动手，勇于实践

中职学校和普通中学的最大区别在于：学生入学时要选择学习的专业，而所学专业的划分依据是社会分工，即中职学校所开设的专业与实践联系密切，具有很强的实践性和可操作性。中职学生可以在学校开设的技能实训中得到锻炼，提高实践能力。

子任务二　中职生与创新

◎ **任务描述**

同学们回顾自己的创新经历并讨论。

◎ **活动步骤**

第一步，思考日常生活学习与创新的关系。

第二步，思考创新对生活学习的帮助。

案例导读

“创新小达人”喜欢天马行空

丁启涛的名字，出现在了由团中央学校部、全国学联秘书处等共同评选的2016年度全国“最美中职生”名单中。在学校里，他早就赢得了另一个美称——“创新小达人”。

“平时总喜欢提出一些天马行空的设想”，这是上海工商信息学校的老师对2014级电子班团支书丁启涛的评价。“他踏实勤奋，在学习上总是刻苦钻研专业技能，实训室里常常能看到他忙碌的身影”，这是同学们对他的夸奖。

一次偶然的机会，丁启涛注意到车载空气净化器的净化效果并不理想，通过上网查询相关资料，他发现原来是净化器加热的方法不够完善。那么该用什么方式来取代传统的加热方式呢？丁启涛陷入了思考，他的脑海中浮现出许多想法。说干就干，一次又一次的尝试与摸索开始了。一天，他在工作室进行电路测试时被一枚电阻烫到了手，他发现是因电流过大引起的电阻过烫，丁启涛突然意识到，自己是不是可以利用这一点对车载净化器进行改造呢？于是，他根据所学的专业知识，制作出了“实物”，并且申请了专利。通过控制流过普通电阻的电流，使信号发生器产生PWM信号，进行恒温微燃烧，对纳米积液进行最佳雾化，这样可以使车载空气净化器能耗降至最低、效果最优。这次成功大大地激励了丁启涛，他发现创新其实并不难，难的是缺少一双善于发现的眼睛和坚持不懈的实践。

春华秋实。丁启涛在2016年上海市“挑战杯”比赛中获得一等奖，在2016年全国“挑战杯”比赛中获得二等奖。面对接踵而来的荣誉，他说：“荣誉，看上去很养眼，但对我而言，真正的意义是荣誉背后的成长与收获。”

思考与讨论：

1. 丁启涛有哪些值得我们学习的地方？

2. 找找我们身边同学创新的例子，想一想他们都具备哪些创新的优秀品质？

相关知识

习近平总书记在中国科学院第十七次院士大会、中国工程院第十二次院士大会开幕式上发表重要讲话，强调中国科技发展的方向就是创新。他指出：“创新的事业呼唤创新的人才”，要“注重培养一线创新人才和青年科技人才”。中职生是企业一线工人的主力军，培养中职生的创新能力，对提升中国的经济水平及综合国力具有深远的意义。

一、中职生创新的优势

（一）学以致用，学用结合

从学习内容来看，中职学生学习的知识更为广泛，不仅要学习语文、数学等文化基础课，不同专业的学生还要学习相应的专业课，并且都要进行实习实训，以提高动手能力。从学习目的来看，中职学生追求的是学以致用、学用结合，直接为就业打基础，因此有更多的机会来开展创新活动。可以说，中职生的创新思维更加活跃，动手能力更强，更有条件进行创新实践。

（二）复合型教师指导创新

中职学校专业设置类别多，不但有文化课教师，还有具有不同专业特长的专业课教师和实习指导教师；许多还是“双师型”教师，他们既能执教理论课，又能指导实践技能操作；还有不少教师是一专多能的复合型教师；另外，不少中职学校还开设了名师工作室，用于帮助学生创新创业。中职专业的多样性和教师综合全面的专业技能素养，对指导学生开展创新活动发挥了重要作用。

（三）实习实训设施完善

中职学校大都拥有大量的实习实训的设施和设备，这不但能满足学生技能训练的需要，而且能满足学生开展创新活动和制作创新作品的需要。此外，针对中职学生的年龄特点和个性差异，学校经常会组织一些课外活动。丰富多彩的课外活动不仅能增长学生的才干，充分展现学生的个性，还能使学生的创新能力得到很好的提升。

（四）校企合作密切

创新来源于生产实践，离开了生产实践，创新就是空中楼阁。许多中职学校坚持以就业为导向，积极开展校企合作，学校与企业的联系非常密切，因此企业的实际需求可以成为中职学校创新实践的课题。而中职学校进行的创新活动也可以有效地促进企业技术创新活动的深入开展。校企双方共同开展创新活动，可以使校企合作更密切、更有效，最后达到双赢甚至多赢的目的。

创新小故事

中职生研发“乒乓球陪练机器人”

宁波市职教中心学校安宏伟等同学研制出的“乒乓球陪练机器人”，获得了2013年浙江省创新创业大赛一等奖。他们利用计算机辅助设计软件设计出机器人的外形，运用杠杆原理，摩擦传动、齿轮传动等机械原理制作机械部分。捡球机器人可以把球收起来，发球机器人可通过内部程序调节发球方向、速度、力量和落点。这样，即使一个人玩球也可以其乐无穷。

创新不应是少数人思考的问题，每个有梦想的人都可以参与其中。一个想要改变的动机，一颗坚定而善良的心以及一项小小的技术革新，也许就是一项意义非凡的创新。一个人的力量看似微小，但借助创新，也有改变世界的可能。而我们现在生活的这个世界，就是由众人的力量共同创造的。即将走上职业岗位的同学们，一定要利用好我们的创新优势，培养创新精神，树立创新志向，成就一番事业！

二、中职生能参与的创新创业比赛

目前，面向中职生的创新创业比赛主要有：黄炎培职业教育创新创业大赛、“互联网+”大学生创新创业大赛、中小学生创客大赛等众多活动与比赛。中国“互联网+”大学生创新创业大赛2019年第一次允许中职生参赛，在这个平台上中职学生可以和来自全国高校的本科学生同台竞争。只要同学们善于观察，勤于思考，敢于创新，就能在各种比赛与活动中不断成长，收获属于自己满满的青春。

（一）黄炎培职业教育创新创业大赛（山东）

黄炎培职业教育创新创业大赛山东省省赛由山东省中华职业教育社、山东省教育厅、山东省人力资源和社会保障厅等多部门联合主办，是目前面向职业教育的创新创业大赛之一，市赛时间一般为每年6～7月，省赛为每年9～10月。市赛一等奖项目有机会获得直推省赛名额，其他市赛的优秀项目则需通过网评获得省赛机会。本大赛目前暂无官方网站，具体参赛通知以政府主管部门公布为准。其参赛条件、赛项设置及比赛流程具体如下：

1. 选手参赛条件

中职组参赛选手为中职学校或技工学校全日制在籍学生；五年制高职或技师学院学生报名参赛的，一至三年级学生参加中职组比赛。

2. 项目设置

（1）创意设计类作品

主要体现创意创新，侧重展示小发明、小制作和创意设计金点子等内容。重点评估参赛选手的研究能力、创意水平、创新能力和动手实践能力。作品包括科技发明制作、工业设计和服务创意设计三大类。参赛选手须根据作品主要创新点确定其所属学科专业，以接受相关专业领域专家评审。

（2）创业计划类作品

该竞赛作品以创业计划书的形式体现，申报不分作品类型领域。重点评估参赛选手的创新创业意识、市场分析能力和项目转化能力。作品既要体现创业计划的规范性、科学性，也要注重创新性、生活性和可操作性，尤其要体现创业项目的可行性、市场分析、同行业竞争情况等内容。

3. 比赛流程

参赛项目采取现场答辩形式进行，采用“5＋5”的模式。即5分钟项目展示（包括微电影、flash、PPT等，计时从上台任何形式的发声开始）＋5分钟专家提问点评；答辩结束后，由专家对参赛项目进行综合评定并打分排名。

（二）中国“互联网+”大学生创新创业大赛

中国“互联网+”大学生创新创业大赛由教育部各部委和承办高校所在省人民政府共同主办。自2019年第五届开始允许中职生参加职教赛道和青年红色筑梦之旅赛道，其官方网站为：https://cy.ncss.org.cn。市赛选拔时间一般为每年7月，省赛为每年8月，国赛为每年10月，参赛项目需要准备项目计划书、路演PPT、VCR等资料。大赛指南及评审规则具体以赛项官方网站公布为准。其参赛条件及项目设置具体如下：

1. 选手参赛条件

中职中专在校生或5年内毕业生参加职教赛道。

2. 项目设置

职教赛道分创意组和创业组；青年红色筑梦之旅赛道分公益组和商业组。

（三）山东省中小学生创客大赛

山东省中小学生创客大赛由山东省教育厅主办，学生在教师指导下，可以个人报名参赛，也可以组队报名参赛。参赛项目按照创客大赛项目特点和呈现形态，分为作品类和竞赛类；按照普适性、创新性、进阶性、趣味性、观赏性等指标要求，分为A级项目和B级项目。其官方网站为：http://www.sdmakers.cn。

（四）其他赛项

2019年1月28日，教育部办公厅公布《教育部办公厅关于2019年度面向中小学生的全国性竞赛活动名单的公示》，31项竞赛活动中有11项科技创新类竞赛，其中有10项赛事中职生可以参与，见表1-1。

表1-1　　2019年度面向中小学生的全国性竞赛活动名单（节选）

序号	竞赛名称	主办单位	竞赛面向群体	备注
1	全国青少年科技创新大赛	中国科协青少年科技中心	小学、初中、高中学生	科技创新类
2	中国青少年机器人竞赛	中国科协青少年科技中心	小学、初中、高中学生	
3	全国青少年创意编程与智能设计大赛	中国科协青少年科技中心	小学、初中、高中学生	
4	“童创未来”全国青少年人工智能创新挑战赛	中国少年儿童发展服务中心	初中、高中学生	
5	第六届全国青少年电子信息智能创新大赛	中国电子学会	小学、初中、高中学生	
6	全国中小学信息技术创新与实践大赛	城乡统筹发展研究中心	小学（三年级以上）、初中、高中学生	

（续表）

序号	竞赛名称	主办单位	竞赛面向群体	备注
7	全国中小学生创·造大赛	科技日报社 中国发明协会	小学、初中、高中学生	科技创新类
8	“明天小小科学家”竞赛	中国科协青少年科技中心	高中学生	
9	全国青年科普创新实验暨作品大赛	中国科学技术协会	初中、高中学生	
10	高中生创新能力大赛	中国老教授协会	高一、高二学生	学科类

注：资料来源于教育部《2019年度面向中小学生的全国性竞赛活动名单》。

项目拓展训练

1 小组讨论

请从自己经常使用的文具中选择一件，在纸上列出它的一个缺点，思考有没有办法克服这个缺点，并与同学展开讨论。

2 仿真实训

一张普通A4纸，我们除了打印和书写外，还有哪些新用途？将自己的创意和同学们分享，比一比，看谁的想法更有创意！

3 创新演讲台

请在纸上写出自己的优点和缺点，想一想在自己的成长过程中，哪些优点助力了自己成长，哪些缺点成为自己成长的阻碍，并勇敢地讲出来。

项目二

训练创新思维

一个具有天才禀赋的人，绝不遵循常人的思维途径。

——司汤达

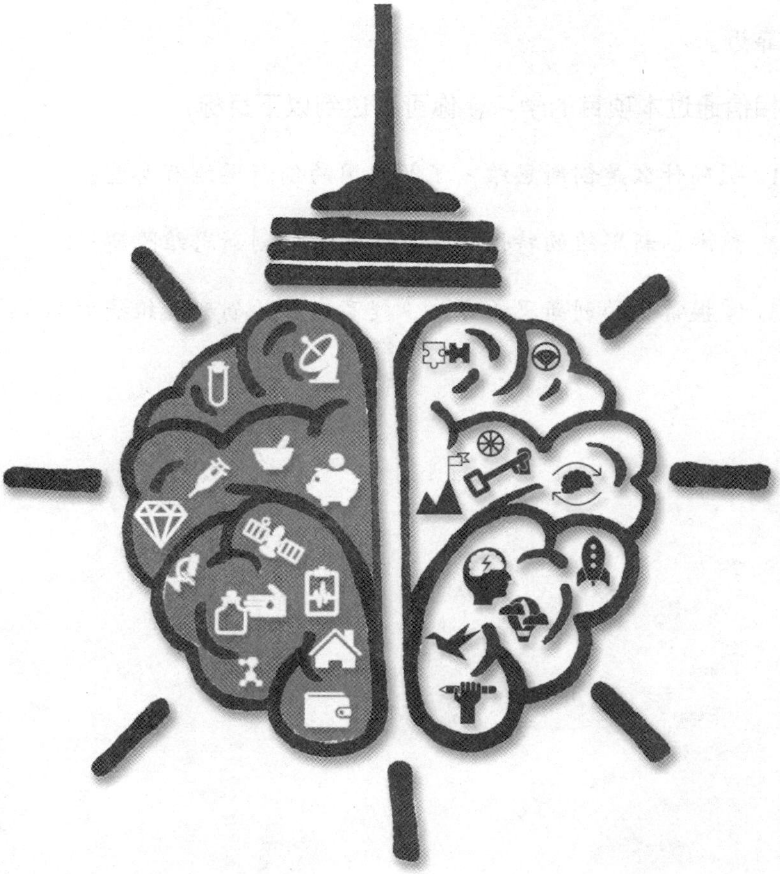

学习指南

创新，为人类带来新的产业，造就了新的国家繁荣和人类福祉。在浩瀚的历史长河中，创新决定着文明的走向，创新改变着世界的面貌，创新也成为国家之间较量的武器。思维创新是最基础的创新，没有思维上的创新，就不会产生行动上的变革。科学的思维方法的出现，标志着人类文明进程的一个重要开端。当你开始创新思维训练，成功就在慢慢向你靠近。

相信通过本项目的学习，你可以达到以下目标：

1. 明确什么是创新思维，了解常用的创新思维有哪些；

2. 熟悉创新思维的特性，掌握如何突破创新思维障碍；

3. 掌握常见的创新思维方法，提高自身的创新思维能力。

任务一　了解创新思维

子任务一　什么是创新思维

◎ **任务描述**

观看大型纪录片《创新之路》，并交流观后感，以了解创新思维。

◎ **活动步骤**

第一步，利用课余时间，观看中央电视台十集纪录片《创新之路》；

第二步，分组交流观后感，并写出书面材料；

第三步，小组派出优秀选手参加班级演讲比赛，主题是“走在创新之路上——《创新之路》观后感”。

案例导读

图书馆搬家

英国有一家大型图书馆要搬迁，由于该图书馆藏书量巨大，所以搬家公司给出了350万英镑的成本预算，正当馆长因拿不出这么多钱而一筹莫展时，一名图书馆工作人员找到馆长，说他有个好主意，只需要150万英镑就可以，但他有一个条件，那就是问题解决后，如果150万有剩余，图书馆要把剩余的钱给他。馆长听后十分高兴，150万可比350万少多了，而且图书馆有能力支付150万英镑的费用。

协议达成，馆长和这名工作人员签订了合同。没过多久，按照馆员的办法，150万连零头都没有用完，就把图书馆给搬完了。

他用了什么方法？原来，这名工作人员用图书馆的名义在报纸上发出了一条惊人的消息：从即日起，图书馆免费、无限量向市民借阅图书，条件是从老馆借出，还到新馆……

思考与讨论：

1. 馆员的思维方式和一般的思维方式有什么不同？

2. 你还能想出其他的好点子吗？

相关知识

创新是民族进步的灵魂，也是人类社会发展的原动力，创新已成为我们这个时代的标志。谁拥有创新思维能力，谁就找到了成功的钥匙。对个人来说，创新思维能力是成才的核心因素，一个人能否成才，创新思维能力起着重要作用。

一、认识创新思维

（一）什么是创新思维

创新思维就是以新颖独特的方式，对已有的知识或方法进行重组和改造，以超常规甚至反常规的方法、视角去思考问题，创造出与众不同的解决方案的思维过程。

创新思维要求提出新的且具有创造性的解决办法。创新思维的中心是通过拓展思路、引导联想、启发思考来捕捉有效的信息和设想，形成创新构思，产生符合目的性、理想性的创新成果。因此，创新思维是人们突破传统思维习惯和逻辑规则的一种高级的思维方式。它既是一种超越其他思维的独立思维、超常规思维、创造性思维、形象思维等综合性思维，又是对一切旧思维进行革命性改革和更新的新型思维，创新思维的获得始于灵感，终于构思。

（二）创新思维的特点

创新思维不同于一般的思维活动，创新思维要求打破常规，进行改组和重建，创造出新的思维成果。它是一种灵活多变的、富于探索性的、以不断变化的现实为标准的思维形式，其特点表现为以下四点：

1. 独创性和新颖性

创新思维贵在求异，或者在思路的选择上，或者在思考的技巧上，或者在思维的结论上，具有“前无古人”的独到之处，也具有一定范围内的独创性和开拓性。要学会用“新眼光”去看待问题，突破思维惯性。一个好的创意会让人产生一种眼前一亮的感觉，如果老调重弹、平平淡淡，何来独创性和新颖性？

创新小故事

情人苹果

在某高校门前，一对老夫妻从早晨开始摆摊卖苹果，到下午还是没有卖出多少。一位同学实在不忍心，就对这对老夫妻说：“我帮你们卖吧。”该同学拿出一些红线，动手将两个苹果用红线绑在一起，然后就大声喊道：“情人苹果，五元钱一对，快来买呀！”路过的三三两两的情侣感到好奇，都应声来买。不一会儿，一筐苹果就卖完了。

2. 突发性和偶然性

创新思维大多以一种突然降临的情景标志着实现了某一种突破，恰似“山穷水尽”时突然看到“柳暗花明”，表现出一种非逻辑的特征，这是在长期量变基础上质的突破，具有偶然性。而一般思维往往是逻辑思维，是在长期研究的基础上顺理成章的结果。创新思维的突发性和偶然性表现在：思想火花的爆发没有固定的时机，它的出现带有极大的随机性。正如弗朗西斯·培根所说：“人类主要凭借机遇或其他，而不是逻辑，创造了艺术和科学。”

创新小故事

双头插座的诞生

松下幸之助是日本著名品牌“松下”的创始人，以生产电插座起家。某天在一家餐厅里，松下幸之助正因插座销售情况不好，工厂面临倒闭而苦恼，这时一对姐弟的谈话引起了他的注意。说的是姐姐要熨衣服，弟弟想开灯读书，因为那时插座只能单用，插上电熨斗后就没办法插电灯插头，姐弟俩为了用电吵个不停。

姐弟俩的争吵使松下突发灵感：何不研制一种两个头的插座呢？经过反复研究和实验，松下终于制造出了双头插座，产品一上市就被抢购一空，供不应求。

松下幸之助的事业也从此走向辉煌。

3. 灵活性和敏捷性

创新思维并无现成的思维方法和程序可循，所以它的方式、方法、程序、途径等都没有固定的框架。进行创新思维活动的人在考虑问题时可以灵活地迅速地从一个思路转向另一个思路，从一种意境进入另一种意境，多方位地试探解决问题的办法。

敏捷性是指具有在短时间内迅速调动思维、周密考虑、准确判断的能力，它以良好的心理品质为前提，依赖于敏锐的洞察力和丰富的专业知识。没有敏捷的创新思维，就很难从众多事物中发掘到“潜力股”。

垛后面，亲眼看到被告在草堆西边30米处的大树旁作案，因为月光正照在被告脸上，所以他清楚地看见阿姆斯特朗开枪把人打死了。

当时身为律师的林肯查阅了有关案卷并到现场进行了调查，之后他决定为被告辩护。法庭上林肯直接质问这位证人："福尔逊先生，你能肯定当时的时间和地点吗？"福尔逊回答："完全可以肯定。"听了这句话后，林肯转身对着大众，庄严地说："此案纯属诬告！证词是编造的。"

这个意外的结论，顿时把法庭上的人都闹愣了，有人提出质问："你根据什么得出这样的结论？"林肯分析道，证人的话有以下几点错误：

1. 证人说他10月18日晚上在月光下看清了阿姆斯特朗的脸。可是，10月18日那天应是上弦月，十一点时月亮应该已经落下去了，哪里还有什么月光？

2. 再退一步讲，就算月亮还没有落下去，还在天上，月光也应该从西往东照。而遮挡着福尔逊的草垛在东边，阿姆斯特朗站在西边的大树下，如果阿姆斯特朗的脸面向东边的草垛，也就是背对月亮，脸就不可能被照到月光；

3. 如果他不是面向草垛，证人又怎么能从二三十米远的地方看清被告人的脸呢？福尔逊说什么"月光很亮，正照在他脸上"，真是一派谎言！

林肯说完，整个法庭肃静得简直可以听得见呼吸的声音。接着爆发出一阵雷鸣般的掌声。林肯以无可辩驳的论证揭穿了证人的谎言，维护了法律，打赢了这场官司。阿姆斯特朗被宣判无罪。

思考与讨论：

1. 案例中林肯成功击破证人的谎言靠的是什么？

2. 案例中林肯使用的思维技巧对你有什么样的启发？

相关知识

一、什么是收敛思维

收敛思维，又称聚合思维、求向思维或集中思维，是为解决某一问题，调动已有的知识、经验和条件去寻找唯一答案的思维方法。其思维路径是将众多的思路和信息汇集于一个中心点，围绕一个目标去思考，通过比较、筛选、组合、概括、归纳等方法得出最佳结果。其思维特点是从边缘到中心，从分散到集中，从现象到本质，紧扣中心，突出重点。

作为共同构成创新思维的两条基本思维路径，收敛思维与发散思维具有不同的思

创新小故事

借势营销

2016年9月，全世界目光都集中在了杭州G20峰会上，距离杭州不远的黄山人，灵敏地抓住了商机，乘着喜迎G20峰会的东风，邀请杭州客人去黄山欣赏绝妙风光，体验灿烂文化，品尝“舌尖上的徽州”，并推出“杭州G20畅游黄山”特惠政策，即G20峰会期间杭州市民可免费游黄山55个景点。

政策一推出，黄山的旅游线路就变得火爆异常。G20首日有两万多杭州人畅游黄山。这不仅增加了黄山的曝光度、提高了直接经济效益，也等于有效地进行了旅游品牌宣传。

这一营销策略无疑是黄山抢抓机遇，立足当前，面向长远发展下的一盘“大棋”。

4. 专一性和确定性

专一性是创新思维的基本特性。所谓专一性，是指思维目标的确定性。好创意的产生不是“三天打鱼两天晒网”的结果，它需要专一的目标、持之以恒的思考以及坚持不懈的努力。创新思维最重要的条件是所研究的问题已经成为研究者的优势目标，即心理学上所说的“优势灶”。

创新小故事

爱迪生的创新定额

爱迪生一生拥有1000多项专利，这个纪录至今仍无人打破。他给自己和助手确立了创新的定额：每10天有一项小发明，每半年有一项大发明。有一次他无意中将一根绳子在手上绕来绕去，由此思考可否用这种方法缠绕碳丝；在对电话的改进过程中，他发现金属丝与旋转的圆筒接触会发出声音，并从中受到启发，发明了留声机。如果没有思维的连贯性和专一性，爱迪生是不会有如此灵敏的反应力的。

二、创新思维的作用

从钻木取火到蒸汽机的发明，从烽火台的狼烟到现代互联网技术，一部人类文明史，就是一部不断创新、不断超越的历史。当今世界知识经济飞速发展，创新成为经济和社会发展的主导力量和重要源泉，而创新思维则是创新过程中的关键因素。创新思维的作用有哪些呢？

（一）创新思维可以不断地增加人类知识的总量

创新思维因其具有潜在特征，表明它是向着未知或不完全知的领域进军的，不断扩大着人们的认识范围，不断地把未被认识的东西变为可以认识和已经认识的东西。科学上每一次的发现和创造，都增加着人类的知识总量。比如，人类发明了计算机，计算机科学与技术成为新的学科与知识。

（二）创新思维可以不断地提高人类的认识能力

每一次创新思维的过程就是一次锻炼思维能力的过程。因为要想获得对未知世界的认识，人们就要不断地探索前人没有采用过的思维方法、思考角度，就要独创性地寻求没有先例的办法和途径，去正确、有效地观察问题、分析问题和解决问题，从而极大地提高人类认识未知事物的能力。所以，认识能力的提高离不开创新思维。

创新金言

创新有时需要离开常走的大道，潜入森林，你就肯定会发现前所未见的东西。

——美国科学家　贝尔

（三）创新思维可以为实践开辟新的局面

创新思维具有独创性和风险性，这些特征赋予了它敢于探索、敢于开创的精神，在这种精神的支配下，人们不满足于现状，不满足于已有的知识水平及生活经验，总是力图探索当今客观世界中还未被认识的事物、本质和规律，并以此为根据，进行开拓性的实践，开辟出实践活动的新领域。

（四）创新思维是未来人类的主要活动方式和内容

历史上曾经发生过的工业革命没有完全把人从体力劳动中解放出来，而目前世界范围内的新技术革命，带来了生产的变革。全面的自动化、智能化，把人从机械劳动和机器中解放出来，从而使更多的人从事着控制信息、编制程序的脑力劳动；人工智能技术的推广和应用，使人所从事的一些简单的、具有一定逻辑规则的思维活动，可以交给“人工智能”去完成，从而又部分地把人从简单的脑力劳动中解放出来。这样，人将有充分的精力进行创造性思维活动，把人类的文明推向一个新的高度。

子任务二　突破思维障碍

◎ 任务描述

奇思妙想大家谈。

◎ 活动步骤

第一步，小组交流，每人讲一个发生在自己身边的创新小故事。

第二步，讨论一下，为什么我们没有想到别人的“奇思妙想”？

第三步，每组总结2～3条阻碍创新思维产生的原因。

案例导读

阿西莫夫的智商

阿西莫夫是美籍俄国人，世界著名的科普作家。他曾经讲过这样一个关于自己的故事。阿西莫夫从小就很聪明，年轻时多次参加“智商测试”，得分总在160分左右，属于“天赋极高”之人。有一次，他遇到了一位汽车修理工，是他的老熟人。

修理工对阿西莫夫说：“嗨，博士，我来考考你的智商，我出一道思考题，看你能不能回答正确。”阿西莫夫点头同意。修理工便开始出题：“有一位聋哑人，想买几枚钉子，就来到五金商店，对售货员做了这样一个手势：左手食指立在柜台上，右手握拳做出敲击的样子。售货员见状，先给他拿来一把锤子，聋哑人摇摇头。于是售货员明白了，他想买的是钉子。”

“聋哑人买好了钉子，刚走出商店，接着进来一位盲人。这位盲人想要一把剪刀，请问，盲人将会怎么做？”阿西莫夫顺口答道：“盲人肯定会这样——”他伸出食指和中指，做出剪刀的形状。听了阿西莫夫的回答，汽车修理工开心地笑起来：“哈哈，答错了吧！盲人想买剪刀，只需要开口说‘我买剪刀’就行了，他干吗要做手势啊？”

思考与讨论：

1. 阿西莫夫是一个智商极高的人，为什么会答错简单的问题？
2. 怎么避免和阿西莫夫犯同样的错误？

相关知识

思维障碍阻碍了我们创造性地解决问题，对于创新是非常不利的。我们要进行创新思维，首先必须突破思维障碍。

一、什么是思维障碍

客观事物是复杂的，而人的大脑思维的特点是一旦沿着一定的方向、按着一定的次序去思考，久而久之就会形成一种惯性，遇到类似的问题或表面看起来相同的问题，就会不由自主地按着原来的方向或次序去思考，这就是思维惯性。多次以这种思维惯性来对待客观事物，就会形成非常固定的思维模式，就是思维定式。

思维惯性和思维定式合称为思维障碍。这是一种“思维枷锁”，会阻碍头脑对新知识的吸收，阻碍新观念、新方法的产生。

要想突破思维障碍，就要首先了解思维障碍的类型，并根据其特征进行针对性的训练，逐步突破思维障碍的束缚。

二、思维障碍的类型

1. 经验型思维障碍

经验型思维障碍指人们过分依赖经验，形成固定思维模式，不自觉地用已有的经验和某种习惯性的思维方式去思考已经变化的问题。不调查、不咨询、不经充分讨论和论证，而是凭个人主观意志将局部的、狭隘的经验当作普遍的真理，导致过分相信局部经验，做出错误判断。

梭鱼实验

针对经验型思维障碍开展脑力训练

创新小故事

溴发现了波拉德

有机化学的奠基者——德国化学家李比希在从海藻中提取碘时，发现在被提取过的碘母液中，有一层带有刺激性气味的深褐色的液体。他根据以往的经验，想当然地在试剂瓶上贴上“氯化碘”的标签，并放置在药品柜，不再触及。同年，大学刚毕业的法国青年波拉德却从这种液体中发现了新元素——溴，并向人们介绍了溴元素的发现过程。李比希看后急忙从药品柜中取出那瓶“氯化碘”重做波拉德的实验，结果证实那已是浓度很高的液态溴。李比希非常惋惜，于是发出感慨：“不是波拉德发现溴，而是溴发现了波拉德。”

针对权威型思维障碍开展脑力训练

2. 权威型思维障碍

权威型思维障碍，是指人们对权威人士的言行的一种不自觉的认同和盲从，不假思索地以权威的是非为是非。迷信权威，带来的是无知与懒惰；质疑权威，则表现出一个人的勇气；战胜权威，才能证明一个人的知识与智慧，才能站在前人肩膀上创造辉煌的未来。

创新小故事

“霍尔效应”的发现

霍尔，1877年考入霍普金斯研究生院攻读物理学，当时麦克斯韦的《电磁学》被指定为教科书。霍尔对书中一段论述产生了怀疑，他觉得与普通物理学知识相矛盾。

不久他又读到埃德隆德教授的一篇文章，发现两个学术权威的论点不一致，这使霍尔更加相信自己的直觉。

于是，霍尔全身心地投入到新的实验中，最终发现了“霍尔效应”。

针对从众型思维障碍开展脑力训练

3. 从众型思维障碍

从众型思维障碍，是指人们不假思索地盲从众人或环境所产生的一种“随大流”的认知与行为。“从众”几乎是每个人都有的思维倾向，其突出的表现是人云亦云，没有独立思考的品格。从众心理在一定程度上会磨灭人的个性，妨碍产生有创见的思想，压抑人的独立思考和创新精神。当一个人陷入盲从他人的心理状态时，必然与创新绝缘。

创新金言

一项新事业，在10个人当中，有一两个人赞成就可以开始了；有5个人赞成时，就已经迟了一步；如果有七八个人赞成，那就太晚了。

——稻盛和夫

4. 书本型思维障碍

书本型思维障碍，是指人对书本知识的完全认同与盲从。书本知识是千百年来人类经验和体悟的结晶，对人类所起的积极作用是巨大的，具有丰富广博的书本知识是创新的基础。一般来说，一个人的专业知识越丰富，涉猎面越广，就越容易创新。但书本知识也带有明显的滞后性，如果过分迷信书本知识也会犯错误。受教育越多，越容易产生书本型创新思维障碍。我们要做书本的主人，善于驾驭知识、理论联系实际、活学活用，才能有更多创新的机会。

创新小故事

人类染色体数目的发现

1952年，在美国得克萨斯大学工作的美籍华人徐道觉博士在对常规组织培养下的细胞进行观察时，一个实验员把平衡溶液误配成低渗溶液，所以显微镜下的染色体数目清晰可见。这本来是弄清染色体数目的最好时机，但他想起遗传学家潘特在书中写过人类的染色体数目是24对，就没有坚持自己的发现。

1956年，华裔生物学家蒋有兴也采用了低渗处理技术来观察染色体，但他没有盲目相信书上的说法而是认真观察研究，终于发现人类的染色体不是24对，而是23对。为此，蒋有兴荣获美国肯尼迪国际奖。

5. 自我中心型思维障碍

自我中心型思维障碍是指人们想问题、做事情时完全从自己的主观认识、主观利益出发，主观武断地看问题，而不顾周围的客观实际，从

针对自我中心型思维障碍开展脑力训练

而导致对问题的错误判断。现实生活及事物联系复杂多样，不能以自我为中心，而要根据环境、具体情况进行深入、具体的分析。

6. 直线型思维障碍

直线型思维障碍是指人们面对复杂多变的事物，仍用简单的非此即彼或者按顺序排列的方式去思考问题，而不善于从侧面、反面或多角度迂回地思考问题。这种思维方式在解决简单问题的时候很奏效，但是在解决复杂的问题过程中就容易犯错误。我们在学习和生活中，要尽量避免直线型思维障碍的误导。

创新小故事

老汉分牛

老汉临终遗嘱，把自己的17头牛分给三个儿子，大儿子分二分之一，二儿子分三分之一，三儿子分九分之一。怎样才能按遗嘱分牛呢？这就需要突破直线型思维，采取灵活的办法巧妙地解决问题。解决办法就是先向邻居借1头牛，再按遗嘱分。结果老大分到9头，老二分到6头，老三分到2头，加起来还是17头，最后把借来的1头牛还回。

任务二　常见的创新思维方法

子任务一　发散思维

◎ 任务描述

鼓励发散思维，说出曲别针的用途。

◎ 活动步骤

第一步，分组思考讨论曲别针的用途。看看在一分钟的时间内，小组成员能说出多少种用途；

第二步，评选出答案最多且最合理的团队；

第三步，评选出最具创意的答案，以及与其他组的重合度最低、最出乎意料的答案；

第四步，阅读作家柯云路的著作《曲别针的一万种用途》，看看还能想出哪些出人意料的答案；

第五步，课堂讨论，什么是发散思维？

案例导读

把梳子卖给和尚

一家生产梳子的公司招聘业务员，经过面试后剩下三个人，最后一道题是“谁能把梳子卖给和尚？”半个月后，三个人回来了。结果是：

甲经过努力，最终卖出了一把梳子。在跑了无数的寺院、向无数的和尚推销之后，碰到一个小和尚，因为头痒难耐，说服他把梳子当作一个挠痒的工具卖了出去。

乙卖出了十把梳子。他也跑了很多寺院，但都没有推销出去，正在绝望之时，忽然发现烧香的信徒中有个女客头发有点散乱，于是对寺院的住持说，这是一种对菩萨的不敬，终于说服了两家寺院每家买了五把梳子。

丙卖了1500把，并且可能会卖出更多。在跑了几个寺院之后，没有卖出一把，他感到很困难，便分析怎样才能卖出去。想到寺院一方面传经布道，但一方面也需要增加经济效益，前来烧香的信徒有的不远万里，应该有一种带回点什么的愿望。于是和寺院的住持商量，在梳子上刻上各种字，如虔诚梳、发财梳……并且分成不同档次，在香客求签后分发。结果寺院在应用之后反响很好，越来越多的寺院购买此类梳子。

思考与讨论：

1. 把梳子卖给和尚是一件很不容易的事情，甚至是不可能完成的任务，他们三人各自采用了什么策略和方法？

2. 从三个人完成任务的方式上我们能学到什么呢？

相关知识

一、什么是发散思维

发散思维又称求异思维、扩散思维、辐射思维，是指在创新过程中通过发挥想象力，突破已有的知识范围，从一个思维基本点出发，沿着不同方向去思考，以探求多种不同答案的思维过程和方法。发散思维是创新思维一个最主要的特点，是测定个人和团队创造力的主要指标之一。

其具体思维过程是：以已知的某一点信息为思维基点，运用已有的知识、经验、信息和观念，通过分解组合、引申推导、想象类比等，朝向四面八方做立体式的放射思考，找出更多更新的答案、设想或解决办法，在此基础上经过分析研究、比较鉴别，从而选出最佳答案，引发创新。发散思维表现为思维视野广阔，思维呈现出多维发散状，如“一题多解”“一事多写”“一物多用”等。

发散思维是不依常规、从多方面寻求答案的思维方式，宽广的知识面让人见多识广、思路开阔。因此，人们要注意培养广泛的兴趣，尽可能多地从各个方面吸收知识和信息，重视各种实践，加强思维训练。

二、发散思维训练

我们可以将用途、功能、材料、结构、方法、形态、因果、关系等8个方面作为“发散点”，进行具有集中性的多端、灵活、新颖的发散训练，培养创造性思维的能力。

（一）用途发散

用途发散就是以某种物品为发散点，设想其多种用途。一般用于用途发散训练的题目形式是“在一定时间内说出某物品的各种用途”。例如，请在三分钟内尽可能多地说出订书钉的各种用途。

用途发散有两种思维方式：第一种是根据物品的特征进行发散，尽可能多地想出物品的用途。例如，订书钉是铁制的，铁可以导电，于是我们就可以想到订书钉可以用来做导线等。第二种是进行强制性的思维发散，即随便想出一个事物，把该事物和作为发散点的事物强制地联系在一起，寻找作为发散点物品的新用途。例如，忽然间想到扣子，那么可以把订书钉做扣子用，当然也可以做成订书钉形状的扣子。第二种方式对于发现某种材料的新用途能起巨大的作用，有时还会取得重要的成果。特别是一种新材料发明以后，可以应用物品用途发散的第二种方式寻找适用的领域，得到用其他方法得不到的新奇构思。

（二）功能发散

功能发散，是从某事物的功能出发，设想达到这种功能的多种途径。例如，对“怎样才能达到照明的目的”这一问题，可以给出如下答案：打开电灯、点煤油灯、燃烧物品、用手电筒、燃烧篝火、用萤火虫、点蜡烛等。

再如，铅笔不仅能写字，还能用来替代尺子画线，作为礼品送朋友，当商品出售获利；铅笔芯可以当作玩具的轮子；磨成粉后可以做润滑粉，演出时可以临时用来化妆；

遇到坏人时，削尖的铅笔还能当作自卫的武器等。

（三）材料发散

材料发散，是以某个物品作为“材料”，以其为发散点，设想它的各种用途。还是以曲别针为例，可以把曲别针的总体信息分解成重量、体积、长度、截面、弹性、直线、银白色等10多个要素，然后进行分析，找出曲别针的各种用途。

（四）结构发散

结构发散，是以某种事物的结构为发散点，设想出利用该结构的各种可能性。如含有圆形结构的物体有太阳、水滴、酒杯、西瓜、瓶盖等。经常进行这种发散思维，能够增加我们头脑中的形象储备，锻炼想象力。

（五）方法发散

方法发散，是以人们解决问题或者制造物品的某种方法为扩散点，设想出利用这种方法的各种可能性。例如，说出用“吹”的方法可能做的事情或者解决的问题。答案可以是吹气球、吹口哨、吹笛子……方法发散是人们创新创意能力中的一项重要素质，平时应多掌握一些前人解决问题过程中积累下来的成功方法和技术，并将这些方法和技术应用到其他领域或事物上，从而可以大大地提高我们的创新能力。

（六）形态发散

形态发散，是以实物的形态如颜色、形状、味道、明暗等为发散点，设想出利用某种形态的各种可能性。例如，利用红颜色可以做信号灯、红纸、红墨水、红衣服、红袜子、红灯笼、红粉笔等。

创新小故事

彩色电扇

1952年前后，日本的东芝电气公司曾一度积压了大量的电扇卖不出去，7万多名职工为了打开销路，费尽心机地想了不少办法，依然进展不大。有一天，一个小职员向当时的董事长石坂提出了改变电扇颜色的建议。当时全世界的电扇都是黑色的，东芝公司生产的电扇自然也不例外。这个小职员建议把黑色改为彩色。这一建议引起了石坂董事长的重视。经过研究，公司采纳了这个建议。第二年夏天，东芝公司推出了一批浅蓝色电扇，大受顾客欢迎，市场上还掀起了一阵抢购热潮，几个月之内就卖出了几十万台。从此以后，在日本以及在全世界，电扇就不再都是一副统一的黑色面孔了。

（七）因果发散

因果发散，是指以某事物或现象为扩散点，设想出这一现象产生的原因或这一现象可能产生的结果。两个事物的各个属性之间可能存在着同一种因果关系，据此可以根据一个事物的因果关系，推出另一事物的因果关系。例如，人们发现种植豆类植物时，不需要施氮肥，经过仔细观察，发现各种豆类植物的根部有根瘤，能使土壤增氮；各种非豆类植物都没有根瘤，需要施氮肥。由此想到，如果在种过豆类植物的土地上种植其他农作物，是不是能提高作物的产量呢？实验证明这个思维是正确的。

创新小故事

孙正义选词找灵感

软银集团创始人孙正义在美国加州大学伯克利分校读书时，为了不过度依赖父母，要求自己在一年内每天要有一项发明。没有灵感就随意翻字典选词，将几个词拼在一起，看可以创造出什么东西。一天，他翻到三个词：发音设备、词典和液晶显示器。这成了他一年后累计250项发明中的一项——发音电子词典。孙正义将专利出售给夏普公司，获得其人生中第一个100万美元。可以说，作为大名鼎鼎的软银集团创始人，他今天的数百亿美元的身家就是翻字典翻出来的。

（八）关系发散

关系发散，是以某一对象为发散点出发，尽可能多地设想它与其他对象之间的关系。例如，“你是谁？”尽可能多地写出你与社会各方面或与其他人的关系。每个人都可以从自己出发，想出自己与其他人的关系，除日常的一些基本关系外，每个人还有可能是听众（相对于演讲者）、读者（相对于图书管理员和出版者）、选民（在选举活动中）等。确定事物之间可能的关系发散有两种方式：一是从某一事物出发，尽可能设想出与其他事物之间的关系。例如，你是父母的子女，是某中职学校某班级的学生，你是女生，你是歌手，等等。二是给出两个事物，说出两个事物之间的各种关系，如母女关系、医患关系、同事关系、伙伴关系、原告和被告的关系、病人和护士的关系、顾客和营业员的关系、领导和下属的关系，等等。

创新小故事

山羊灭火

加利福尼亚州的阿尔托斯市政府被森林大火所困扰，他们想清除城镇周围山坡上的灌木丛，但如果用螺旋桨飞机来操作，则极易引起火花，导致火灾。于是，政府租借了成群的山羊，把它们放在山坡上。山羊吃掉了草木，从而控制了灌木丛的生长，解决了因其他方法难以解决的陡峭坡段灌木丛的生长，最终使该地区的森林火灾发生率大大降低。

子任务二　收敛思维

◎ 任务描述

连连看。

◎ 活动步骤

第一步，分组，每个团队分配一个题目，给5分钟的时间，将答案写在纸张上。题目如下：

（1）请说出家中既发光又发热的东西，找出它们的共同点。

（2）请写出海水与江水的共同之处，越多越好。

（3）鸽子、蝴蝶、蜜蜂与苍蝇有哪些相同之处？

（4）铜、铁、铝、不锈钢等金属有哪些共同的属性？

第二步，评选出答案最多且最合理的团队。

第三步，课堂讨论，什么是收敛思维，收敛思维有哪些角度？收敛思维和发散思维有什么关系？

案例导读

林肯打官司

林肯是美国历史上一位非常受人尊敬的总统，他年轻时当过律师，曾受理过一桩悬案，并因此名声大振。一个叫阿姆斯特朗的青年被人诬告图财害命，小伙子不断喊冤。但原告证人福尔逊一口咬定，10月18日晚上11时1刻，他在一个草

维方向。收敛思维的核心是聚焦、锁定目标，其思维方法主要有求同组合、归纳综合和目标确定，发散思维向外扩张，收敛思维向内聚焦，发散思维所取得的多种答案，只有经过收敛思维的综合、比较、选择等才能最终确定。如果离开了收敛思维，发散思维的答案就会失去意义和价值；反之，收敛思维的过程是在发散思维取得成果的基础上进行的，发散思维提出的答案和办法愈多、愈广泛，收敛思维的认识就愈全面，选择的机会就愈多，就更容易得到最为满意的答案。因此，大多数创新成果的获得往往都是发散思维和收敛思维共同作用的结果。

二、训练收敛思维

（一）求同组合

求同组合法，指寻找一个共同点，把所有感知到的对象依据一定的标准“聚合”集中为一个。即通过有机整合，使某一事物形成新特质，产生新功能。

例如，日本一家专营文教用品的小企业，一直生意清淡。1984年，一名新职员发现，顾客来店里购买文具，总是一次要买3～4种；而在中小学生书包里，也总是散乱地放着各色各样的文具。她想，既然都是文具必需品，为什么不把它们组合起来一起出售呢？她把这一想法告诉老板。结果，这家公司精心设计了一只盒子，把常用的必需文具都放进去。这种“组合式文具”大受顾客欢迎，风靡世界。

（二）归纳综合

归纳综合，指在思考问题时，透过表层，层层分析，向问题的核心步步逼近，逐步省略抛弃那些非本质的、繁杂的表面特征，揭示出隐藏在事物表面现象内的深层本质，形成更全面、更富有创意的意见。这种能力也可称为“求合”能力。

例如，美国前总统罗斯福在执政期间，每当遇到重大问题时，他总是把自己的一位助手请来，告诉他：“请你独自研究一下这个问题，要注意保密。”然后，罗斯福又分别找来其他几位助手，对每个人都如此嘱咐一番。最后，每位助手都把自己的独特研究成果呈报给总统。罗斯福在分析比较、广泛吸纳各人意见的基础上，做出最终决策。

（三）目标确定

目标确定，指在解决问题的过程中确定搜寻目标后，对目标进行认真观察，通过剥离和聚焦，层层剥离表面的、虚假的、枝节的内容，直逼核心，找出事物的本质和关键，以此来寻求问题答案。创新思维的成果，往往是思维聚焦的结果。应用过程中，要对确定的搜寻目标进行认真的观察，做出判断，找出其中的关键，围绕目标定向思维，目标确定越具体，则方法越有效。

例如，第一次世界大战期间，法国和德国交战时，法军的一个司令部在前线构筑了一座极其隐蔽的地下指挥部。指挥部人员深居简出，十分诡秘。不幸的是，他们虽然注意了人员的隐蔽，但是忽略了长官养的一只猫。德军的侦察人员在观察战场时发现每天早上八九点钟，都有一只小猫在法军阵地后方的一座土包上晒太阳。德军依据目标确定法做出了如下判断：首先这只猫不是野猫，野猫白天不出来，更不会在炮火隆隆的阵地出现；其次，猫的栖身处就在土包附近，而周围又没有人家，故很可能是一个地下指挥部；再次，根据仔细观察，这只猫是相当名贵的波斯品种，在打仗时还能玩这种猫的绝不会是普通的下级军官。据此，他们判定这个隐蔽部一定是法军的高级指挥所。随后，德军集中六个炮兵营的火力对那里实施猛烈袭击。事后查明，他们的判断完全正确，这个法军地下指挥所的人员全部阵亡。

子任务三　联想思维

◎ 任务描述

唤醒奇妙想象。

◎ 活动步骤

第一步，通过自愿报名，选5位同学参赛。

第二步，桥的联想。提问：当说到桥的时候，你的脑海里会出现怎样的一幅图景呢？你想到了什么？

第三步，分别展示5位同学的答案，并逐一分析。

第四步，课堂讨论，联想思维有哪些方法？联想思维有哪些作用？

案例导读

隐身衣

苏联卫国战争期间，列宁格勒遭到德军的包围，经常受到德国飞机的轰炸。在这个紧急关头，苏军伊凡诺夫将军视察战地，看见有几只蝴蝶在花丛中时隐时现，令人眼花缭乱。这位将军随即产生联想，并请来昆虫学家施万维奇，让他们设计出一套蝴蝶式防空迷彩伪装方案。施万维奇参照蝴蝶翅膀花纹的色彩和构图，结合防护、变形和仿照三种伪装方法，将活动的军事目标涂抹成与地形相似的巨大多色斑点，并且在遮障上印染了与背景相似的彩色图案。就这样，苏军数百个军事目标披上了神奇的“隐身衣”，大大降低了重要目标的损伤率，有效地防止了德军飞机的轰炸。

思考与讨论：

1. 案例中的联想思维采用了什么方式？

2. 联想思维还有哪些方法？

相关知识

一、什么是联想思维

联想思维，是由某一事物的概念、方法、形象想到另一事物的概念、方法和形象的心理活动。它可以由眼前的某个事物形象想到记忆中的另一个事物形象，也可以由记忆中某个事物的形象想到记忆中另一个事物的形象。思考者既能通过某一事物形象的激发而联想到另一事物的形象，也可以由受到某一抽象概念的激发而联想到另一事物的形象。美国创造学家戈登认为，世界上万事万物都是相互联系的，人们可以通过联想等发现事物间的这种联系，从而获得创造性成果。

联想思维是人们基于事物间的相似之处，把一种事物与其他事物联系起来，探索它们之间共同的或类似的规律，进而创造性地捕捉它们之间的内在联系，以建立新的组合，进行创新思维。联想思维的基础是类比和模拟。其基本特征是由此及彼、举一反三、触类旁通，类似多米诺骨牌，推一而动百。如苏联心理学家哥洛万斯和斯塔林茨曾经用实验证明，任何两个概念词语都可以经过四五个步骤建立起联系。比如，高山和镜子，看似风马牛不相及，但用联想思维可以建立以下联系：高山—平地—平面—镜面—镜子。

创新小故事

人工育牛黄

牛黄是一种贵重药材，由于数量极少，要从宰杀千万头牛的屠宰场上偶然得到。为解决牛黄稀缺的问题，某药品公司从河蚌育珠中联想到：既然将少量异物塞入河蚌内，通过刺激使河蚌体内慢慢地形成珍珠，如果在牛胆囊中也埋入异物，通过刺激是否也可以培育出牛黄呢？该公司将该联想立项研究，最后果然取得成功。

二、训练联想思维

（一）类比联想

类比联想，是指依据事物之间的相似特性而产生的由此及彼的联想，是联想思维法的主要形式。例如，响尾蛇的视力很差，几十厘米近的东西都看不清，在黑夜里却能准确地捕获远处的田鼠，秘密在于它的眼睛和鼻子之间的颊窝。这个部位是响尾蛇的红外感受器，它能感受到远处活动动物散发热量发出的微量红外线，从而实现“热定位”。美国导弹专家由此产生联想，若用电子器件制造出和响尾蛇的生物红外感受器类似的“电子红外感受器”，用于接收飞行中的飞机因发动机运转发热而辐射的红外线，岂不是可以通过这种“热定位”来实现对目标的自动跟踪。由于运用了类比联想，响尾蛇导弹应运而生。

（二）接近联想

接近联想，是指在时间上和空间上相互接近的事物之间形成的联想，从而设计新的发明项目。例如，由桌子联想到书本、椅子；由闪电联想到雷鸣、下雨、滴答声；由钢笔联想到铅笔、毛笔、圆珠笔、蜡笔、画笔，又由笔联想到墨水、橡皮、纸张等文具，这些都是接近联想。

我们可以通过接近联想，就某物联想到无数与之相接近的事物，形成创造性设想。例如，未经加工的橡胶比较硬，不便于制作一些轻巧的东西。有位橡胶商为使橡胶变得柔软一些，苦思冥想但总想不出办法。一次在吃面包时，他从柔软的面包中受到启发，能否在橡胶中也加些类似于发酵剂的东西，使橡胶变得柔软呢？经过试验，终于发明出橡胶发泡剂，制成了柔软的橡胶。

（三）对比联想

对比联想，是指对性质相反或相对立的事物展开联想，即从正面联想到反面，从反面联想到正面。例如，人们在日常生活中往往由冬天的冰天雪地联想到夏日的烈日炎炎。黑与白、写与擦、大与小、水与火、黑暗与光明、温暖与寒冷都属于对比联想。许多创新思维的激发也往往源于对比联想。英国化学家波义耳发明酸碱指示剂就是运用了对比联想。他先发现各种不同浓度的酸液都可以使紫罗兰变红，并由此发明了酸性指示剂。然后，他由酸性指示剂联想到，能否找到一种能检验碱性的指示剂呢？经过无数次实验，终于发现了石蕊地衣的提取液能使碱性溶液变成蓝色，能使酸性溶液变成红色。利用它可以方便地测试出溶液是酸性还是碱性。

（四）因果联想

因果联想，是由事物之间的因果关系而引发的联想。由原因联想到结果，由结果联想到原因。例如，由烈日当头联想到炎热，由冰天雪地联想到寒冷，由春播联想到秋收，由奋斗的艰辛联想到成功的喜悦，等等。

创新金言

联想是打开沉睡在头脑深处记忆的最简便和最适宜的钥匙。

——日本创造学家 · 高桥浩

子任务四　逆向思维

◎ 任务描述

反其道而思之。

◎ 活动步骤

第一步，出示一个简单的问题，让学生自由思考。如：有一个葡萄酒瓶子，是用软木塞盖紧的。有人想喝这瓶中的酒，可是他又找不到塞起子。要求不打破瓶子，也不允许在软木塞上开孔。问他应该怎么办？

第二步，由学生讨论并提出解决方案，教师适当给予点评。

第三步，给各小组出示更多且不同的例子，由学生思考解决这些问题的方案。

案例导读

鲁国人成功的秘密

中国古代，鲁国有一个人，非常擅长编织麻鞋，他的妻子也是织绸缎的能手，他们准备一起到越国做生意。有人劝告他说：“你不要去，不然会失败的。你擅长编鞋，而越人习惯赤足走路；你妻子擅长织绸缎，那是用来做帽子的，可越人习惯披头散发，从不戴帽子。你们擅长的技术，在越国派不上用场，能不失败吗？”可鲁人并没有改变初衷，几年后，他不但没有失败，反而成了有名的大富翁。

一般来说，做鞋帽生意，当然是应该去有鞋帽需求的地区，但鲁国人打破了这种习惯性的思维方式，认为就是因为越人不穿鞋不戴帽，那里才有着广阔的市场前景和巨大的销售潜力，只要改变了越人的粗陋习惯，越国就会变成一个巨大的鞋帽市场。鲁人成功的秘密就在这里。

思考与讨论：

1. 案例中的鲁人打破常规，采用了什么创新思维？

2. 生活中还有哪些案例与本案例中鲁人的思维相似？

相关知识

一、什么是逆向思维

逆向思维，也称反向思维、求异思维，是将通常的思维顺序颠倒过来，从相反的方向思考，以求获得出乎意料的答案的思维方式。即“反其道而思之”，从问题的相反面进行深入的探索，树立新思想，创立新形象。在发明创造或思考问题时，如果从正面不易突破，改从相反方向探求，常常可收到意想不到的效果。

二、训练逆向思维

可以从以下几个方面进行逆向思维的训练：

（一）功能反转

从已有事物的相反功能去设想和寻求解决问题的新途径，获得新的创造发明的思维方式即为功能反转。德国一家工厂生产的一种纸因严重化水无法使用，按常规只能打浆返工。有个工程师考虑到化水原因是吸水性太强，从而想到专门利用这种纸来吸水，经过“功能反转”制成了专用吸水纸，并申请了专利，增加了工厂收益。在日常生活中，往往有许多用具的“缺点”是大家主攻的目标，但在不同的使用场合，这些缺点有可能成为优点。我们应该想方设法扩大其缺点，使之逆用，实现反转。

创新小故事

吸尘器的发明

1901年，英国土木工程师赫伯布斯在伦敦参观了一场“除尘器”的除尘表演。“除尘器”的工作原理就是用风把灰尘吹走，所以当时现场的许多观众都被吹得满身灰尘。赫伯布斯当时就想：吹尘不行，吸尘行不行呢？经过多次试验，他终于发明了带灰尘过滤装置的真空负压吸尘器。

（二）结构反转

从已有事物的相反结构形式去设想和寻求解决问题的新途径的创造性思维方式，即为结构反转。比如，一般的门锁锁舌有斜口，这样关门比较方便，却容易通过塞入硬片等方法把门撬开，防盗功能差。有人把门框上的锁孔内侧焊个斜片，将锁舌改成方形，这样从结构上与原锁反转，关门照样方便。而由外往里撬门，由于锁舌是长方形的，门就不易被撬开了。

（三）因果反转

从已有事物的因果关系中，反过来由“果”去发现新的“因”（现象、规律），寻找解决问题的方法就是因果反转。

根据化学能可以转换为电能的原理，英国物理学家戴维最终发现了电能也可以转化为化学能。根据电能生磁，英国物理学家法拉第最终发现了磁也能生电。意大利物理学家伽利略曾应医生的请求设计温度计，但屡遭失败，有一次他在给学生上实验课时，由于注意到水的温度变化引起了体积的变化，这使他突然意识到，反过来，由水的体积变化也能看出水的温度变化。循着这一思路，他终于设计出了当时的温度计。科学家在发现各种元素都有自己独特的光谱以后，根据不同元素有不同的光谱进行反推：有某种光谱存在，也就能断定必然有某种与之对应的元素存在。在这一思想的指导下，科学家不但发现了太阳上也有地球上所存在的氮等元素，还由此提出了在科学技术研究中发挥巨大作用的光谱分析法。

（四）属性反转

从已有事物的另一属性，反转过来，发现或创造一种新的产品或技术的方法，被称作属性反转。例如，日常生活中圆珠笔漏油一直是难以解决的难题，人们认为是由于钢珠的磨损造成的，因而许多科学家、工程师、发明家都在强化钢珠硬度和耐磨性上花费极大精力，但在当时的条件下，材料方面难以突破。此时，日本一位发明家换了一种与常人不同的思路——钢珠磨损后笔会漏油，但如果钢珠磨损后笔管中已没有油可漏了，这个问题不就解决了吗？他买来大量圆珠笔，反复使用，统计出常用圆珠笔大约写15000字开始漏油的规律，采用在管中定量灌油的方式解决了圆珠笔的漏油问题。

由此可见，当我们思考的问题用常规方法得不到解决时，应考虑转换思考角度，以缺点逆用等思维方式来重新思考，这是人们在创新时常用的方法。

创新小故事

沙克是一个犹太裔老人，退休后，他在学校附近买了一间简陋的房子。定居后前几个星期很安静，不久几个学生开始在附近踢垃圾桶玩。老人受不了这些噪声，就考虑跟年轻人谈判。考虑到年轻人血气方刚，强制性的命令会让他们变本加厉，反而会适得其反。于是老人采取了一种另类策略。他说："我刚收到退休金，看你们玩得这样高兴，如果你们每天来踢垃圾桶，我将每天给你们每人一块钱。"三个年轻人很高兴，更加卖力地表演"足下功夫"，不料两天后，老人忧愁地说："通货膨胀减少了我的收入，从明天起，我只能给你们每人五毛钱了。"年轻人显得不大开心，但还是接受了老人的条件。他们每天继续去踢垃圾桶。一周后，老人又对他们说："我最近没收到养老金支票，对不起，每天只能给你们每人两毛了。""两毛钱？"一个年轻人咆哮着说，"我们绝不会为区区两毛钱浪费宝贵的时间在这里表演！"从此以后，老人过上了安静的日子。

子任务五　灵感思维

◎ 任务描述

从自然界、生活中寻找灵感，设计一款新笔。

◎ 活动步骤

第一步，以小组为单位进行设计，每人说出自己的想法，进行小组讨论；

第二步，根据小组讨论结果，进行构思设计；

第三步，展示每组的设计，每个小组推选代表阐述自己的设计灵感；

第四步，评选出最具创意的设计；

第五步，课堂讨论，什么是灵感思维？它的特点是什么？

案例导读

都市里的悬崖

日本最大的帐篷商、太阳工业公司董事长能村先生想在东京建一座新的销售大厦。但是在寸土寸金的东京建一座大厦，不仅一时难以收回成本，而且大厦的每日消耗也是一笔不小的开支。怎样能做到既建了大厦，又可以借此开拓新的市场呢?

能村先生苦苦思索，希望能找到办法。一天能村先生看到一则关于攀岩的热点新闻，他茅塞顿开：何不建一座都市悬崖，来满足那些都市年轻人攀岩的爱好呢？经过调查研究，并邀请几位建筑师反复研讨，他决定把十层高的销售大厦的外墙加一点花样，建成一面人工悬崖绝壁，作为攀岩的练习场。

半年后，一座植有许多花木青草的悬崖，便昂然矗立在东京市区内，仿佛一个多彩且意趣盎然的世外桃源。练习场开业那天，几千名喜爱攀岩的年轻人聚集此处，争先过一把攀岩瘾。

这一下子吸引了人们的目光，每日来此观光的市民不计其数。一些外地攀岩爱好者闻讯后，也不辞辛苦到东京一显身手。

能村先生迅速瞄准商机，在公司的隔壁开了一家专营登山用品的商店。很快，该店便因货品齐全占据了登山用品市场的榜首，能村先生也因此赚了大钱。

思考与讨论：

1. 是什么激发了能村先生的灵感？还有哪些方法可以诱发人的灵感?

2. 从这个案例中你学到了什么?

相关知识

一、什么是灵感思维

灵感思维方法又称顿悟思维方法，是指在无意识状态下产生的突发性的特殊的创造性思维活动。是人们在创造过程中，达到思维高潮时突然出现、瞬息即逝的短暂思维过程。具有偶然性、突发性、创造性等特点。它是对客观现实的反映，来自信息的诱导、经验的积累、联想的升华、事业心的催化等。

在人类历史上，许多重大的科学发现和杰出的文艺创作，往往都是灵感闪现的结果。如诗人、文学家的“神来之笔”，军事指挥家的“出奇制胜”，思想战略家的“豁然贯通”，科学家、发明家的“茅塞顿开”等。

创新小故事

“米老鼠”的诞生

迪士尼是一位美国的美术设计师，因失业付不起房租，被房东赶了出来。当他和妻子呆坐在公园的长椅子上一筹莫展时，突然一只可爱的小老鼠从他们的行李箱里伸出头来，望着小老鼠机灵滑稽的面孔，夫妻二人感到十分有趣，暂时忘记了烦恼和苦闷，心情愉悦了不少。迪士尼突发灵感，如果我把小老鼠的可爱模样画成漫画，会不会让更多的人从中感到安慰与愉快。

一番伤感，触发灵感，风行世界数十年的卡通形象“米老鼠”就这样诞生了。

二、灵感思维训练

（一）自发灵感

自发灵感是指在对问题进行长时间思考、执着探索的过程中，灵感在头脑中自发闪现。灵感的瞬间爆发是一种久思而至、长期积累的结果。如果没有前期“踏破铁鞋”的苦苦寻觅，就不会有“得来全不费功夫的”的兴奋和喜悦。

例如，德国化学家凯库勒长期从事苯分子结构的研究。一天夜晚，他在书房打瞌睡，眼前突然出现了旋转的碳原子，碳原子长链像蛇一样盘绕卷曲，并“咬住”了自己的尾巴形成环形，不停旋转。凯库勒触电般地猛然醒来，突发灵感，整理苯环结构得出苯的六边形结构式。

（二）诱发灵感

诱发灵感是指脑子里本来没想什么问题，但突然受到外部事物或情景的刺激而诱发的灵感。我们在交流和阅读中，往往会受到思想点化而诱发灵感。如达尔文从马尔萨斯人口论中读到“繁殖过剩而引起竞争生存”时，突然想到，在生存竞争的条件下，有利的变异会得到保存，不利的变异则被淘汰。由此促进了他对生物进化论的思考。苏联专家佐廖夫为解决火箭的推力问题而苦恼万分，食不甘味，他的妻子问明原因后笑着说：“这有什么难的，像吃面包一样，一个不够就加一个，还不够就继续增加。”佐廖夫听后茅塞顿开，经过研究，采用三节火箭捆绑在一起接力的办法，终于解决了火箭的推力问题。

（三）触发灵感

触发灵感是指在冥思苦想过程中，在接触相似或相关事物时在头脑中突然闪现所思考问题的答案。例如，意大利文艺复兴时期的著名画家拉斐尔，想画一幅新的圣母像，但久未成功，在一次偶然的散步中，他看到一位健康、淳朴、美丽、温柔的姑娘在花丛中剪花，这一极富魅力的形象吸引了他，拉斐尔便立刻拿起画笔创作了《花园中的圣母》。

（四）逼发灵感

逼发灵感是指面临紧急情况时大脑处于高度的积极思维状态，所思考问题的答案或者启示会在头脑中突然闪现。这种事例古今中外数不胜数，如曹植创作七步诗、司马光砸缸、文彦博灌水取球，还有电影《闪闪红星》中潘冬子面对敌人的盘查，急中生智把盐化成盐水浸透在棉袄里送给红军。

创新小故事

汤姆逊智退强贼

有一次，美国著名心理学家福·汤姆逊外出归家，但天色已晚，因为他旧大衣内有两千美元，所以心里老担心遇到强盗。越是怕鬼越有鬼，他突然发现身后有个戴鸭舌帽的彪形大汉紧紧尾随着他，而且怎么也甩不掉这个“尾巴”。

汤姆逊走着走着，突然转身朝大汉走去，对大汉祈求道：“先生，发发慈悲给我几角钱吧！我快饿得发昏了，路都跑不动了！”大汉一愣，仔细打量着他的旧大衣，嘟囔着说：“倒霉，我还以为你口袋里有几百美元呢！”说着，从口袋里摸出点零钱扔给汤姆逊，十分败兴地走了。

项目拓展训练

1 小组讨论

甲乙丙丁4个孩子在院子里踢足球，把一户人家的玻璃打碎了。可是当房主人问他们是谁踢的球把玻璃打碎的，他们谁也不承认是自己打碎的。房主人问甲，甲说：“是丙打的。”丙则说：“甲说的不符合事实。”房主人又问乙，乙说：“不是我打的。”再问丁，丁说：“甲打的。”已经知道这4个孩子当中有1个人不会说假话；其余3个说的都是假话。请你分析一下这个说真话的孩子是谁？打碎玻璃的又是谁？

要求：3分钟自主思考，小组讨论说出你的答案，确定最终答案。小组选派代表回答，并说明思考过程。

2 仿真实训

从生活中寻找灵感，设计一款水杯，小组内展示创意图，评选出最具创意的一款，上台阐述灵感的来源。

3 创新演讲台

面向未来，脑洞大开，请你展开想象，说一说我们未来的交通工具是什么样子的。小组内评选出最具有想象力的未来交通工具，并上台进行演讲。

项目三

掌握创新技法

方法是任何事物所不能抗拒的、最高的、无限的力量。

——黑格尔

最有价值的知识是方法的知识。

——笛卡尔

学习指南

20世纪人类的各种发明灿若繁星，但最大的发明是什么？不是电脑，也不是人造卫星，而是发明了创新的方法！这些方法能激发人们潜在的创造力，使长期以来被认为神秘的、只有少数发明家或创造家所独有的创新设想，为每一个普通人所掌握。创新技法是从我们的创造活动实践中总结和提炼出来的帮助开展创造性活动、消除习惯性思维障碍的辅助性工具。创新技法的实质，就是把各种创新思维方式演变成可操作的具体创造法则。俗话说："得法者事半功倍，不得法者事倍功半。"重视学习、总结和掌握创新技法，将会使你更会创造性地解决问题，提高发明创造、技术革新的成功率。

相信通过本项目的学习，你可以达到以下目标：

1. 了解创新技法的含义及运用原则；

2. 了解常见的创新技巧；

3. 掌握列举法、组合创造法、和田十二法、头脑风暴法等常见创新技法的原理，并能在创新过程中灵活使用。

任务一　了解创新技法

子任务一　了解创新技法

◎ 任务描述

尝试对手机进行创新性设计。

◎ 活动步骤

第一步，个人思考——你目前使用的手机，有哪些令人不满意的地方？你理想中的手机是什么样子的？

第二步，小组讨论并设计一款最具特色的手机。

第三步，班级内展示创新设计，并分析这些创意是通过什么方法产生的？

案例导读

吉利剃须刀的产生

英国人吉利，原是一家公司的职员，1895年的一天早晨，他被公司派去出差。任务很紧急，吉利只得匆匆忙忙地刮胡子。而在匆忙之中，他把自己的脸刮伤了多处，满脸伤痕和血污，而又不得不马上启程赶路，这使吉利对笨拙的刮胡刀片憋了一肚子的火，他下决心要发明一种安全的刮胡刀。

吉利首先想到的是用铁板把薄刀片夹紧，这样倒是安全多了，却刮不着胡须。后来，他又想到将铁板的边沿刻出像梳子一样的沟，使胡须能钻进刀里，而且刀也接触不到脸。几经周折，沿着这一思路，他终于制成了征服全世界的“吉利安全刮胡刀”。这种刮胡刀至今仍受到男士们的青睐。

思考与讨论：

1. 吉利在什么样的情况下产生了发明安全剃须刀的想法？

2. 你认为现在的剃须刀还可以在哪些方面进行改进？

相关知识

我们已经知道，创新思维是突破传统思维习惯，以新颖独创的方法解决问题的思维过程。创新技法则是对这种思维过程的规律总结。创新技法的实质，就是把各种创新思维方式演变成可操作的具体创造法则。创新技法具有普遍性与可操作性，实用价值较大。

创新金言

我们正处在一场静悄悄的大变革中，它是全世界人类创造力和创业精神的胜利。我相信它对21世纪的影响将等同或超过19世纪和20世纪的工业革命。

——杰弗里·蒂蒙斯

一、认识创新技法

（一）什么是创新技法

创新技法，就是创造学家根据创新思维的发展规律而总结出来的一些原理、技巧和方法。

众多学者经过多年的搜集、整理、归纳，通过对大量专利文献进行研究和分析，结果发现：科学技术的发明创造有一定的规律可循，有一定的创新技法可用。这些创新技法大多是以原则、诀窍、思路的形式来指导人们克服心理和思维的障碍，改善思维的灵活性和流畅性，促进联想、想象和直觉等非逻辑思维的产生。所以，创新技法是建立在创新性思维方法和认识规律基础上的。

（二）创新技法的分类

创新技法首先在富于创意的美国出现。在前期研究的基础上，美国创造工程学家奥斯本于1948年首创非常著名的“头脑风暴法”，并取得应用的成功。现在，这种方法已经作为一种最常用的方法而普及到了全世界。之后，先后有不同的人创造了各种各样的创新方法。根据有关资料统计，目前全世界已涌现出有案可查的创新技法360余种，但常用的方法大概只有十几种，如列举法、组合创造法、检核表法、形态改变法等。各种不同类型的创造技法，可以从各个不同的角度来启发新思路，激发人们产生灵感，我们可以有选择地进行学习。值得注意的是，对创新技法的掌握，不能仅依靠看书和老师的讲授，更主要的是要依靠练习和实践。

创新小故事

楼宇视频广告的新商业模式

分众传媒的创始人江南春，有一次偶然间看到即将关闭的电梯门上贴着某明星的海报，他发现这张海报引起了多人关注。他想到在这个地点如果能有电视广告的话，一定会吸引更多的人关注，从而发现了楼宇电梯这个特定地点的广告价值。这造就了分众传媒楼宇视频广告的新商业模式，并为江南春带来亿万财富。

创新技法的特点

二、运用创新技法

（一）运用创新技法应遵循的原则

1. 迁移原则

迁移是指以前所获得的知识、经验和技能对后来所学的新知识、新技能和解决问题的影响。

迁移原则在实践中具体表现为5个方面：原型启发、仿生移植、相似原理、对应联想和模拟类比。

2. 组合原则

组合是按照一定的技术原理或功能目的，将现有的科学技术原理或方法、现象、物品重新安排，以获得具有统一功能的新技术、新形象、新产品。

组合类型主要有：同物组合、异类组合、概念组合、重组组合等。

3. 分离原则

组合是创新，分离同样是创新。分离是将一物品拆分开来进行创新研究的手段和方法。

4. 还原原则

还原原则是把创新对象的最主要功能抽离出来，进行研究的手段和方法。

（二）运用创新技法应注意的问题

尽管创新技法较为实用和有效，但也必须看到，创新技法毕竟是一种人为创造出来的辅助性工具。同任何创造一样，创新技法也是一种未完成的创造。它不可能十全十美，更不是万能的；它也有一定的局限性，甚至有较大的局限性。这就要求我们对创新技法有较为清醒和正确的认识。

首先，我们应该清楚，“创新有法，但无定法”，对创新技法的灵活运用，也是一种创造。正如艺术家罗丹所说，“真正的艺术是忽视艺术的”，最高境界的创新是忽视创新方法的。讲技法又不唯技法，用技法又会变技法，学技法又敢创技法，这才是我们的努力方向。

其次，我们应该认识到，各种创新技法都有一定的适用范围。例如，还原法主要适用于在创新开始时，启迪产生新的思路；形态分析法主要适用于构思新的结构方案；缺点列举法适合于搞改进型创造；头脑风暴法只适合于集思广益。只有灵活地将各种创新技法加以综合运用，才能获得较为理想的创新成果。

子任务二　了解创新技巧

◎ 任务描述

尝试改变汽车或自行车的设计。

◎ 活动步骤

第一步，个人思考。要求给汽车或自行车附加上一种或几种其他产品，会产生什么样的创新？

第二步，小组讨论每一种创新设想的可行性。

第三步，查阅相关资料，看你的设想现在是否已经变成现实。

第四步，如果目前尚未有相同或类似的产品或创意，可尝试申请专利。

案例导读

人人都可能是发明家

浙江杭州春蕾中学的初三学生王星烨，自诩是一枚地地道道的“小吃货”，她因嫌皮皮虾剥壳太麻烦而发明了剥虾神器，并且申请了国家发明专利。这种剥虾神器类似一把钳子，但前端是两块略有弧度的扁片。一只皮皮虾，背朝下、腹部朝上放好，薄薄的钳嘴从尾巴轻松穿入，伸进一截后，稍一用力压住钳子腿，“啪”的一声，壳肉就分开了，虾肉就能轻松取出。很多人都喜欢吃皮皮虾，但是壳很硬，用手剥不动，还会被戳伤，所以就干脆不吃了。剥虾神器的出现，可以让更多喜爱皮皮虾的人轻松享受这一美食了。

创新真的没有我们想象得那么远，其实非常接地气，只要我们有想法，就一定会有动力让它实现，我们也希望身边的创新成果越来越多，让咱们的生活变得更加美好、便捷。

思考与讨论：

1. 你是否认为发明创造是一件非常困难的事情？

2. 你身边有哪些创新和创意让生活变得更美好了呢？

相关知识

每个人都具有创新的潜力。然而，仅有创新的潜力、创新的意识，却没有创新的方法和技巧，创新就永远停留在“点子”阶段。好的创意出现后，需要以某种方法或技巧为先导，经过反复的实践和探索，才能取得创新的成功。在创新探索中，我们应该学会运用以下创新技巧。

一、颠覆常识

常识一般是指日常知识、众所周知的知识、约定俗成的知识，以及本能的学习和判断能力等。常识在日常生活中具有非常重要的作用，可以帮助人们对一些事情或问题进行初步的判断。但拘泥于常识会阻碍创新，也束缚思维，让思维陷入僵化。因此，为了更好地创新，应勇于颠覆常识。

（一）常识对创新的阻碍

1. 权威误导。常识一般是指已经约定俗成、被大家认可的知识，因而具有一定的权威性。人们在接受和认可这些常识时，一般不会进行过多的思考或质疑，从而限制了创新。

2. 经验误导。常识也是日常经验的积累，而且这些经验曾经给人们以帮助。因此，人们会信任常识，不会轻易质疑常识。

3. 习惯误导。常识形成后，人们会习惯性地运用常识来解答某一问题，因此容易陷入惯性思维。

（二）颠覆常识的技巧

1. 不急于认同。不要盲从常识，应先经过思考再选择是否认同。

2. 辩证思考。注意运用辩证唯物主义观点，从正反两方面思考某一事物，不片面定性。

3. 左右脑并用。人的大脑分为左右脑，左脑侧重于理性思维，善于推理，逻辑性强；右脑侧重于感性思维，善于创新，跳跃性强。我们应注意左右脑结合使用。

4. 回到原点。回到事物本身进行思考，不用经验思考。

5. 不盲从他人。要有独立思考意识，不盲从他人。

二、消除偏见

偏见，一般是指人们由于一贯的错误认识或受事物表面现象蒙蔽、只看到事物的一个方面所引起的对事物的片面认识。

人们想要创新，就应学会消除对事物所持的偏见。只有这样才能正确认识事物、全面评价事物，也才能更好地掌握事物的特性，获得灵感。

（一）偏见的形成

1. 受个体经验左右。人们常常倾向于用以往的经验和态度去看待某事物，形成刻板印象和认识，且难以改变。

2. 受个体人格和心理影响。如傲慢自大、固执己见、具有权威主义倾向的人容易对事物产生偏见。

3. 受“首因效应”影响。人们容易对事物产生先入为主的判断，通过“第一印象”，最先输入的信息对以后的认知会产生深刻影响。

4. 受个人利益左右。人们以个人利益为出发点，对有利于自己的人或事持友好态度；反之，则持不友好态度。

（二）如何消除偏见

1. 多角度思考。看待事物不能只从一个角度，要多角度、全面地思考。

2. 换位思考。站在不同的立场思考事物，抛弃自我中心主义。

3. 反向思考。从事物的反面思考，立体化地把握事物。

4. 归零思考。清除对事物的原本认识，重新定位事物。

三、挑战权威

权威，一般指人们自愿服从和支持的权力，也指使人信服的力量和威望。权威在某些情况下是正确的，但它不等同于真理。人们可以尊重权威，但不可以迷信权威。人们想要创新，就必须有敢于挑战权威的勇气和信心，只有这样，才能不断除旧布新。

（一）不敢挑战权威的原因

1. 权威力量强大。权威具有很普遍、很强大的基础，一般难以动摇。

2. 盲目信奉权威。认为权威是真理，是不可挑战和动摇的。

3. 害怕挑战失败。害怕挑战失败后引来麻烦和嘲笑。

（二）如何挑战权威

1. 敢于质疑。古人云："小疑则小进，大疑则大进。"质疑是发现问题、挑战权威的第一步。

2. 相信创新的力量。相信创新终究能够战胜已经落后的权威，能够改变人们对权威的迷信。

3. 相信普通人也能创新。不要被拥有权威的代表人物吓倒，要相信普通人也有能力改变一切。

4. 实践出真知。想要创新，人们就必须在基于事实的基础上付出努力和汗水，在实践中检验创新的力量。

四、打破规则

规则是运行、运作规律所遵循的法则，规则给人们提供了一定的依据，能够指导人们的思想和行为，但它在一定程度上也束缚人们的思想和行动。

规则是用来打破的。当一种规则不适应新事物的发展时，我们要勇于打破规则，创新规则。打破规则的方法，如表3-1所示：

表3-1　　打破规则的方法

序号	方法	理解
1	转换视角	从不同的立场出发，往往能得出不同的结论和规则。想要打破规则，便要学会转换视角，从不同的角度来评判规则
2	突破传统	敢于质疑传统规则的适用性和效用性
3	挑战权威	敢于向权威挑战，不能盲信权威，要培养独立思考的意识
4	关注变化	密切关注行业的新动态，学会抓取具有变革意义的信息，并和旧信息、旧规则相比较
5	接受新思想	积极接受新思想，有新思想作为理论武器，才能看清旧规则的局限性
6	寻找新点子	打破权威需要新点子，有了"立"才能"破"，有了新想法才能批判旧规则
7	不排斥外行	很多规则都是被外行人打破的，要学会从外行人身上汲取新想法、新观点

时间管理的
11条法则

五、领先时间

“得时间者得天下”，在社会飞速发展的今天，这个世界不再是大吃小，而是快吃慢。因此，创新要抢在第一时间，要敢为人先，和时间赛跑。

那么，该如何领先时间呢?

第一，要树立时间意识。心中要长存“时间就是生命”的意识。

第二，要树立竞争意识。如果没有竞争，便谈不上创新和领先。因此，想要领先时间，就要和时间赛跑、和别人赛跑。

第三，要设定目标和计划。有了目标和计划，才能按照目标和计划一步步去实现，才可避免方向不明所引起的时间浪费。

第四，要设定时间节点。在每一项任务和计划上都设定时间节点，既可以给自己提示，也可以监督自己。

第五，借助时间管理工具。时间管理主要有四大工具，即时间管理矩阵、时间记录表、每日事项清单、时间管理审查表，要想创新，就需要学会使用这些工具。

六、否定自我

否定自我，是指人们勇于承认自己的不足，不满足已有的成绩，并勇于挑战自己的优势、敢于自我突破，最终实现自我超越。

否定自我是一种方法和手段，它能帮助人们突破固有的思维习惯，从而获得新点子和新方法，继而实现创新。

九型人格

(一)否定自我的特点

1. 否定自我不是自卑。否定自我是不满足已有的优势，自主寻找自身的弱点和局限，并非觉得自己一无是处。

2. 否定的目的是发展。否定的目的是通过否定自己让自己进入新的阶段或境界。

3. 否定的实质是扬弃。否定自我不是全盘否定自己，而是既变革又继承，既克服缺点又保留优势。

(二)否定自我的方法

1. 自我诊断。全面分析自己，并进行自我评价和自我鉴定，可借助一定的方法，如九型人格分析法、星座分析法、血型分析法等。

2. 对比他人。以他人为参照物，对照自己身上的优势、劣势，并借鉴他人好的思维方法。

3. 听取意见。寻求他人的意见，以便更客观地看待自己。

任务二　常用的创新技法

子任务一　列举法

◎ 任务描述

改进雨伞。

◎ 活动步骤

第一步，小组内讨论，请尽可能多地列举出雨伞的缺点；

第二步，对缺点进行汇总、整理、记录；

第三步，针对所列缺点逐条分析，挑选出主要缺点，提出改进意见。

案例导读

无线电熨斗的发明

日本松下电器公司生产的电熨斗，从20世纪50年代开始，几十年来畅销不衰，但到了80年代出现了滞销现象。为了改进电熨斗的生产，扩大它的销路，1984年4月的一天，被称为“熨斗博士”的松下公司电熨斗事业部部长岩见宪一请来数十名不同年龄的家庭主妇座谈，请她们对松下公司生产的电熨斗提意见，挑毛病。

座谈会开始后好长一段时间都没人发言，后来一位中年妇女突然大声说了一句：“使用熨斗时电线拉来拉去太麻烦了，要是后面不拖一根电线就好了，那样熨起来会更方便。”这话立即引起了一阵哄笑。电熨斗嘛，就是要用电的熨斗。没了电线，这电从哪儿来？会上的家庭主妇们，听了都觉得好笑。座谈会的主持人岩见宪一听了可没有笑，他的神经仿佛被重重地刺了一下，眼前豁然明亮，他情不自禁地将桌子一拍，大声叫了起来：“妙！好主意！不要电线的电熨斗。”不久，松下公司成立了研制无线电熨斗的攻关小组。他们很快便想到并采用了蓄电的办法来取消电线。就这样，一种新型无线电熨斗产生了。它成为日本当年很长一段时间的畅销产品。

思考与讨论：

思考与讨论：

1. 你会想到请家庭主妇对电熨斗提意见的方式吗？

2. 无线电熨斗的发明运用了什么样的创新技法？

相关知识

列举法是运用发散性思维来克服思维定式的一种创新技法。列举法将事物的属性、特征、价值、优点、缺点、可能性等细节列举出来，从逻辑上进行分析，从不同的角度尤其是新角度去思考事物的各种情形，发现问题，启发新思路。它的主要作用是克服认知不足，突破思维定式的束缚。列举法主要可分为缺点列举法和希望点列举法。

一、缺点列举法

（一）什么是缺点列举法

缺点列举法是一种应用广泛、效果显著的创新技法。其宗旨在于通过分析研究对象各个方面的不足之处，并予以罗列，从而有针对性地提出各种设想来加以改进和完善。例如，对任何产品来说，都可以至少从6个思路方向来开展缺点列举：（1）产品的使用性能；（2）产品的经济性能；（3）产品的生产制作工艺；（4）产品的技术原理；（5）与国内外相同、相近产品的对比；（6）产品的外观、包装、名称、商标及专利保护等市场竞争性方面。

（二）缺点列举法的特点

缺点列举法的优点是集中精力探究，可节省时间，容易取得显著效果，有时候只要找出原有事物的一个缺点并加以改进就能产生巨大的效益。然而，采取这一技法只能对原有事物“拾遗补阙”，它是一种被动型的创造技法。

缺点列举法的运用基础是发现事物的缺点，挑出事物的毛病。尽管世界上万事万物都不是十全十美的，都存在着缺点，然而并非每一个人都能想到、看到或发现这些缺点。其中，主要原因是人们有一种心理惰性，对于习以为常看惯的东西，常常会认为历来如此，所以就不肯也不愿意再去寻找或挖掘它们的缺点。这样也就失去了可能取得发明成果的机会，实际上也就失去了每个人都应该具有的创造力。

缺点列举的实质是一种否定思维，唯有对事物持否定态度，才能充分挖掘事物的缺陷，然后加以改进。因此，运用缺点列举法，必须克服和排除由习惯性思维所带来的创造障碍，培养善于对周围事物寻找缺点、追求完美的创新意识。

（三）缺点列举法的实施步骤

使用缺点列举法，一般可按以下步骤进行：

1. 尽量列举研究对象的缺点；

2. 将列出的缺点加以整理，或按缺点的性质进行归类，或按缺点的严重程度排出次序，或选出一些主要缺点；

3. 寻求改掉缺点的设想，并评价筛选出最佳方案。

二、希望点列举法

（一）什么是希望点列举法

希望点列举法是一种积极的、主动型的创新技法，它是一种通过提出对某一问题或事物的希望或理想，进而探求解决问题和改善对策的技法。

（二）希望点列举法的实施步骤

希望人人皆有，“希望点”就是指创造性强且又科学、可行的希望。希望点列举法的实施主要有以下三个步骤：

1. 激发和收集人们的希望；

2. 仔细研究人们的希望，以形成“希望点”；

3. 以“希望点”为依据，创造新产品以满足人们的希望。

例如，有一家制笔公司用希望点列举法发明了一批创新钢笔：希望钢笔出水顺利，希望绝对不漏水，希望一支笔可以写出两种以上的颜色，希望不污染纸面，希望书写流利，希望能粗能细，希望小型化，希望笔尖不开裂，希望不用打墨水，希望省去笔套，希望落地时不损坏笔尖等等。这家制笔公司从中选出“希望省去笔套”这一条，研制出一种像圆珠笔一样可以伸缩的钢笔，从而省去了笔套。

创新小故事

希望改变生活

日常生活中，人们希望夜间上下楼梯时，灯能自动亮、自动灭，于是就发明了声光控开关；

人们希望打电话时能看到对方的形象，就发明了可视电话；

人们希望洗手后不用毛巾擦也能干手，于是发明了电热风干手机。

（三）希望点列举法的注意事项

1. 由列举希望点获得的发明目标与人们的需要相符，才能适应市场；

2. 希望是由想象而产生的，思维的主动性强、自由度大，所以通过列举希望点所得到的发明目标含有较多的创造成分；

3. 列举希望时一定要注意打破思维定式；

4. 对于通过希望点列举法得到的一些“荒唐”意见，应该用创造学的观点进行评价，不要轻易放弃。

子任务二　组合创造法

◎ **任务描述**

设计一款新型笔记本。

◎ **活动步骤**

第一步，个人思考——我们日常使用的笔记本，可以附加哪些产品或功能？

第二步，小组讨论并分析谁的想法最具创新性。

第三步，去周边文具市场或商店观察了解你的创意能否开发出创业机会？

案例导读

旱冰鞋的产生

有个叫吉姆的小职员，成天坐在办公室里抄写东西，常常累得腰酸背痛。他消除疲劳的最好办法，就是在工作之余去滑冰。冬季很容易就能在室外找个滑冰的地方，而在其他季节，吉姆就没有机会滑冰了。怎样才能在其他季节也能像冬季那样滑冰呢？吉姆一直在思考这个问题。想来想去，他想到了脚上穿的鞋和能滑行的轮子。吉姆在脑海里把这两样东西的形象组合在一起，想象出了一种“能滑行的鞋”。经过反复设计和实验，他终于制成了四季都能用的“旱冰鞋”。

组合想象思考法是指从头脑中某些客观存在的事物形象中，分别抽出它们的一些组成部分或要素，根据需要做一定改变后，再将这些抽取出的部分或要素构成具有独特结构、性质、功能与特征的，且能独立存在的特定事物形象。

思考与讨论：

1. 吉姆为什么要研发旱冰鞋？

2. 他在研发过程中运用了哪些创新技法？

相关知识

科学技术发展史研究表明，自20世纪50年代以来，技术发展开始由单项突破走向多项组合，即依靠创造新的原理而实现的独立技术发明正在减少，并逐渐让位于组合型的非独立技术发明。由组合求创新，由组合求发展，已成为当代技术创新的一种基本形式。

一、什么是组合创造法

组合创造法，是指从两种或两种以上的事物或产品中根据其原理、材料、工艺、方法、产品、零部件等不同的属性抽取合适的技术要素，进行重新组合，从而获得新的产品、新的材料、新的工艺的方法。组合创造法是一种极为常见的创新方法，目前大多数创新成果都是通过采用这种方法取得的。

创新金言

所谓创造，就是把以前的独立的发明组合起来。

——美国发明家　肖克莱

二、组合创造法的主要形式

（一）功能组合

功能组合，就是把不同物品的不同功能、不同用途组合到一个新的物品上，使之具有多种功能和用途。比如，按摩椅就是按摩功能和椅子功能的结合体，具有计算功能的闹钟也是一种新的组合。

（二）意义组合

意义组合，即组合功能不变，但组合之后拥有了新的意义。比如，在文化衫上印上旅游景点的标志和名字，就变成了具有纪念意义的旅游商品。同样，一本著作有了作者的亲笔签名，其意义也会不同。

（三）构造组合

把两种东西组合在一起，使之具有新的结构并产生新的实用功能，这就是构造组合。比如，房车就是房屋与汽车的组合，它不仅可以作为交通工具，还可以作为居住的场所。电脑桌也是一种构造组合的结果。

（四）成分组合

成分组合，即两种成分不同的物品，组合在一起后产生一种新的产品。如，柠檬和红茶组合在一起，就开发出了柠檬茶；调酒师调制鸡尾酒采用的也是一种不同成分的组合。

（五）原理组合

原理组合，即把原理相同的两种物品组合在一起，产生一种新的产品。比如，将几个相同的衣服架组合在一起，就可构成一个多层挂衣架，以分别挂上衣和裤子，达到充分利用衣柜空间的目的。

（六）材料组合

材料组合，即将不同材料组合在一起而产生一种新的产品，不仅可以改善原物品的功能，还能带来新的经济效益。比如，现在电力工业使用的远距离电缆，其芯是用铁制造的，而外层则是用铜制造的，由两种材料组合制成的新电缆，不仅保持了原有材料的优点（铜的导电性能好，铁硬不下垂），还大大降低了输电成本。

创新金言

我认为，为了满足人类的需要而找出已知装置的新的组合的人就是发明家。

——爱因斯坦

三、组合创造法的类型

常用的组合创造法有以下四种基本类型：

（一）主体附加法

主体附加法就是在一个主体上附加一个东西，产生一个新的发明。如带刻度的铅笔、带后备厢的自行车、带手电的钥匙环等。

主体附加的创造性较弱，一般情况下人们只要动动脑筋，动动手，就能想得到并能做出来。

主体附加法的实施步骤，归纳起来有六条：

1. 有目的、有选择地确定一个主体；

2. 运用缺点列举法，全面分析主体的缺点；

3. 运用希望点列举法，对主体提出种种希望；

4. 尝试能否在不变或略变的前提下，通过增加附属物，克服或弥补主体的缺陷；

5. 尝试能否通过增加附属物，实现对主体寄托的希望；

6. 尝试能否利用或借助主体的某种功能，附加一种别的东西使其发挥作用。

（二）异类组合法

异类组合，是指两种或两种以上不同种类的事物组合在一起，从而产生新事物的创造技法。

异类组合是产生创造的不竭源泉，科学技术、文学艺术、管理决策以及日常生活的许多创造都来自异类组合。例如，中华民族的象征——龙的形象，就是典型的异类组合创造，兽的头、兔的眼、蛇的身、鱼的尾、鹰的爪、鹿的角，组合起来就是龙。在各类创造中，效率最高、效益最好的创造就是异类组合。人类通过异类组合不断地创造出新事物，在技术领域的创造中，属于异类组合创造的成果占75%以上。

异类组合的特点是：

1. 组合对象（设想或物品）来自不同的方面，一般无所谓主次关系；

2. 组合过程中，参与组合的对象从意义、原理、构造、成分、功能等任一方面或多方面互相渗透，整体变化显著；

3. 异类组合是异类求同，因此创造性很强。

（三）同类组合法

同类组合法就是将两个或两个以上相同或相近的事物进行组合，以获得新设想或新组合成果的创造技法。例如，在两支钢笔的笔杆上分别雕龙刻凤后，一起装入一只精致考究的笔盒里就成为“对笔”，可作为馈赠新婚朋友的礼物，这就是十分简单的同类组合。

同类组合的特点是：

1. 组合的对象是两个或两个以上的相同事物，或者是相近的事物；

2. 组合过程中，参与组合的对象与组合前相比，其基本原理和基本结构一般没有根本性的变化；

3. 同类组合往往具有组合的对称性和一致性趋向，如鸳鸯型、子母型、龙凤型、多头型。

创新小故事

新款文具盒

日本一家叫普拉斯的文具公司，设计开发出文具组合，将铅笔、小刀、透明胶带、剪刀、1米长的卷尺、10厘米长的塑胶尺、订书机、胶水等，放进一个设计精巧、轻便体小的盒子里。后来又把文具组合改进提高，在盒子里安装了电子表、温度计，这个盒子甚至可以变成一个变形金刚，盒子的造型五花八门，可以千变万化。尽管其内部的文具就那么几种，由于盒子花样多，迎合了小孩的心理和兴趣，所以销量非常大，很快成为风行全球的商品，普拉斯也成为知名品牌。

（四）重组组合法

重组组合法是指有目的地分解事物，并按照新的方式重新组合，以促进事物的功能和性能发生变革的方法。

重组组合的特点是：

1. 组合在一件事物上进行；

2. 组合过程中，一般不增加新的部件；

3. 重组主要是改变事物各组成部分之间的相互关系。

例如，市场上出售的组合家具，可根据房间的布局、面积和主人的爱好进行多次装配。孩子们喜欢的七巧板和积木也都是按这种技法开发出来的。

子任务三　和田十二法

◎ 任务描述

玻璃杯应该如何改进。

◎ 活动步骤

第一步，小组成员分析常见玻璃杯的特点；

第二步，讨论玻璃杯可以在哪些方面进行改进，并完成表3-2。

表3-2

序号	项目	创新设想	初选方案
1	加一加		
2	减一减		
3	扩一扩		
4	缩一缩		
5	变一变		
6	改一改		
7	联一联		
8	学一学		
9	代一代		
10	搬一搬		
11	反一反		
12	定一定		

案例导读

可涮笔的调色盘

南京小学生丛小郁发现，上图画课时，既要带调色盘，又要带装水用的瓶子很不方便。她想如果能将调色盘和水杯加在一起，变成一样东西就好了。于是，她提出了将可伸缩的旅行水杯和调色盘组合在一起的设想，即在调色盘的中间与水杯底部刻上螺纹让二者结合起来，这样，可涮笔的调色盘便产生了。

思考与讨论：

1. 可涮笔的调色盘是怎么发明出来的?
2. 这种做法符合“和田十二法”中的哪一种办法?

相关知识

“和田十二法”是检核表创新技法中的一种，源自上海市闸北区和田路小学学生的发明创造活动。该校学生创造的科技作品已有数千件，有的已被实际应用，有的已转化为商品。有关专家把同学们在发明创造活动中所采用的技法总结概括出12种，因此将这种方法称为“和田十二法”，又称“十二种聪明办法”，见图3-1：

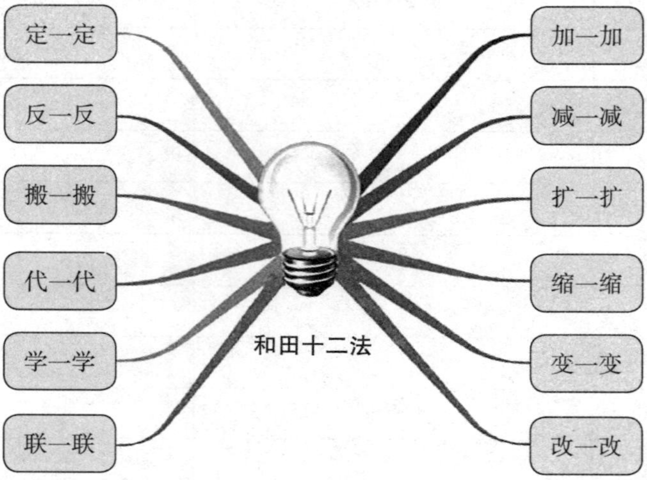

图3-1　和田十二法

一、加一加

把一件物品加大、加高、加长、加宽、加厚、加多、组合，会变成什么样子？

例如，豪斯菲尔德是一家音乐工业公司的技术员，他将超声检查仪“加”上计算机图像识别技术，发明了能够在人体内进行探测的CT扫描仪器，并因此获得了诺贝尔医学奖的殊荣。

二、减一减

把物品减轻、减少、减短、减窄、减薄、减低、省略、分割，可以变成什么？把原来的操作减慢、减时、减次、减序，会有什么效果？

例如，将上衣减去袖子，就成了夹克；一封信件通常由信纸、信封和邮票三件物品组成，用“减一减”的创新思维方法，使三件变成了一件——明信片；把普通眼镜的镜片减薄减小，再减镜架，就变成了隐形眼镜。

三、扩一扩

把物品放大、放宽、扩展功能、扩大应用领域，会有什么变化？

例如，伞是人们常用的挡雨遮阳工具，有人将它的面积扩大、再扩大，变成了街头巷尾设摊者使用的晴雨大伞、露天海滨浴场游客享受的太阳伞，使伞又增加了新的用途。

四、缩一缩

把原有物品压缩、缩短，会产生什么样的效果?

例如，世界上第一台电脑有一间房子那么大，重30吨。后来，科学家使用集成元件，使电脑的体积不断缩小，缩到电视机大小，而且其功能增强了，从而使电脑迅速普及到千家万户。后来，又相继出现了笔记本电脑、掌上电脑、可穿戴式电脑。电脑越来越精致、小巧的发展变化过程，就是逐步缩小体积、省略部分元器件的结果。

五、变一变

物品在形状、颜色、功能、结构、浓度、密度、音量、味道、对象、场合、时间、顺序、方式等方面能否改变?

例如，圆形铅笔变为六角形、扁圆形，不易滑手，不易从桌上滚落。

六、改一改

物品的缺点、不足、不便、不安全、不美观之处如何改进?

例如，因为普通门锁有需携带钥匙、开门不方便、易被撬锁不安全等问题，人们发明了指纹锁。

七、联一联

该事物与哪些事物可以联系起来形成新的事物?联一联，是把表面上不相关的事物联系在一起，获得出奇制胜的效果。

例如，澳大利亚曾发生过这样一件事，在收获季节里，有人发现一片甘蔗田里的甘蔗产量提高了50%。经了解发现，甘蔗栽种前一个月，有一些水泥洒落在这块田地里。科学家们分析后认为，是水泥中的硅酸钙改良了土壤的酸性，从而使甘蔗增产。这种将结果与原因联系起来的分析方法经常能使我们发现一些新的现象与原理，从而引出发明。由于硅酸钙可以改良土壤的酸性，于是人们研制出了改良酸性土壤的“水泥肥料”。

八、学一学

其他事物的形状、结构、方法、颜色、性能、规格、功能、动作等，是否有值得学习和模仿之处?

例如，当索尼公司首先研制出新产品时，松下公司马上分析这种产品的优缺点，然后再生产出更合适的产品。原来松下有个原则：不当技术先驱者，而做技术追随者。

九、代一代

能否用别的事物、材料、方法、工具来替代？

例如，美国哥伦比亚自行车公司用环氧树脂做自行车架，其重量仅有1.027千克；用这种车架装配的公路赛车，重量为7.7～8.4千克，这不仅减轻了重量，而且节省了大量钢材。

十、搬一搬

把事物、设想、技术搬到其他地方，会不会实现创新？

例如，人们将激光技术运用到各个领域，发明了激光切削、激光磁盘、激光测量、激光唱盘等技术和产品。

十一、反一反

把事物的形态、性质、功能、正反、前后、上下、横竖、里外颠倒一下，会产生什么样的效果？

例如，野生动物园一反普通动物园的常态，把将猛兽关在笼子里供游人观赏的方式改为将游人关在笼式汽车里，这样就可以观赏行动自由的猛兽，受到游人的欢迎。

十二、定一定

定一定，是指为改进某种事物而确定标准、型号、顺序，或者为提高效率、避免失误而确定界限规范，从而产生的创新。

例如，茅台酒所含的对人体有益的微量元素至少在170种以上，远胜于普通白酒，贮存时间越长，茅台酒的保健功能越突出。贵州茅台酒股份有限公司根据这些实际，采取“定一定”的方法，将每瓶茅台酒出厂前都标上出场年份，出厂后第二年，茅台酒价格自动上调10%，以后逐年以此类推。这一做法被称为“价格年份制”，在中国白酒市场上是首创。

子任务四　头脑风暴法

◎ 任务描述

如何解决停车难问题。

◎ 活动步骤

第一步，思考分析当前城市停车难的原因；

第二步，运用头脑风暴法，每小组至少提出5种解决停车难的设想；

第三步，每组选出一名代表在班级内发言，并进行可行性分析。

案例导读

如何清扫电线积雪

美国的西部供电公司，因为每年的大雪压断了供电线路带来巨大的经济损失，公司想尽办法试图解决这一问题，但都未能如愿。后来，公司经理召集十几个不同专业的技术人员参加座谈会，制定了四个原则——自由思考、以量求质、延迟评判、组合运用，让大家七嘴八舌地讨论，但是一直没有好的办法。这时，一个员工半开玩笑地说："我没有什么办法了，叫上帝拿个扫把来打扫吧！"另外一个员工顿时醒悟，"就给上帝一个扫把！"大家还没明过来，他解释道："让直升机沿线路飞行，直升机产生的巨大风力可以吹散线路上的积雪！"公司领导立即拍板，并给执行扫雪任务的飞机取名"上帝"号，真正成了让上帝来扫雪。从此西部供电公司解决了一个大难题，每年仅此一项就节约了几百万美元的开支，节省了大量的人力，创造了良好的社会效益！

思考与讨论：

1. 这家公司召开的座谈会运用的是什么创新技法？
2. 这种创新技法的使用原则是什么？
3. 这个案例对你有什么启发？

相关知识

一、什么是头脑风暴法

头脑风暴法，又称BS法、智力激励法、智囊法，是brain storming的直译。是一种让参会者围绕所选议题提出各种预测、意见或想法的创造技法。1948年由美国创造工程学家奥斯本首创。

头脑风暴会议流程

头脑风暴法的特点是以一种与传统会议截然不同的方式召开专题会议，通过贯彻若干基本原则和特殊规定，给与会者创造一种主动思考、自由联想、积极创新的特殊气氛，从而有效发挥群体智慧，以获取量多、面广、质优的发明创造新设想。这种方法的优点是，参与创造的每一个人都能受到他人设想的启发，进而由联想触发联想，比个人思考更容易激发创造性思维；但其缺点也是显而易见的，那就是组织工作较为繁杂。

二、头脑风暴法的基本原则

（一）自由畅想原则

1. 让与会者尽可能地解放思想，不受任何传统思维和观念的束缚，不必介意自己的想法是否荒唐可笑，自由畅谈、随意想象，使思想始终保持自由发射的状态，想法越新越奇越好。

2. 让与会者充分发挥想象力，使思路做大幅度的回转跳跃，通过发散、侧向、逆向思维和联想、幻想、想象等形式，从广阔的学科领域寻找新颖的发明创造方案。

创新金言

倘若你有一个苹果，我也有一个苹果，而我们彼此交换这些苹果，那么，你和我仍各只有一个苹果。但是，倘若你有一种思想，而我也有一种思想，而我们彼此交流这些思想，那么，我们每个人将各有两种思想。

——萧伯纳

（二）推迟评判原则

创造性构思的产生有一个不断诱发、深化和完善的过程。构思在刚开始提出时似乎没有什么科学根据和实际用途，但它们可能蕴藏着极好的创意，如过早地批判则可能会使其在萌芽阶段就被扼杀。日本创造学家丰泽雄曾说："过早地评判是创造力的克星。"因此，会议期间绝对不允许批评别人提出的设想，任何人都不能在会上做判断性结论。发言者胆怯的自谦之语、讽刺挖苦的否定之语、夸大其词和漫无边际的吹捧之语，甚至怀疑的讥笑神态、手势等，都是头脑风暴会议的大忌。因此，像那些"这根本不通""这个想法已经过时了""您的想法太妙了""这个设想真绝了""我水平有限，想法不一定行得通""我提一个不成熟的设想"之类的肯定或否定的评判均应避免。

（三）量中求质的原则

量中求质原则的关键是"质量递进效应"。谋求数量原则的目的是"以数量保证质量"。参加会议的人员不分上、下级，平等相待，在规定的时间内提出设想的数量越多越好。在头脑风暴的过程中，最初的设想往往并非最佳。因此，头脑风暴法强调与会者要在规定的时间内，加快思维的流畅性、灵活性和求异性，尽可能多地提出有一定水平的新设想。

（四）综合集成原则

缩合集成原则的依据是"集成就是创造"。与会者应认真听取他人的发言，并及时修正自己不完善的设想，或将自己的设想与他人的设想集成，确保提出更有创意的方案。奥斯本曾经指出："最有意思的集成大概就是设想的集成。"

上述四项原则各有侧重，相辅相成。第一条原则突出求异创新，这是头脑风暴法的宗旨。第二条原则要求人们思维放松、会议气氛活跃，这是激发创造力的保证。第三、第四条原则强调互动性，即相互启发、相互补充和相互完善，这是头脑风暴法能否成功的关键。

项目拓展训练

1　小组讨论

筷子是一种帮助人类进食的工具，经常使用筷子对锻炼小脑有好处，但筷子也有缺陷，很难夹住豆子、花生之类的球形食物。小组同学一起讨论，怎样给这种中国古老的餐具做一点改进？

2 仿真实训

运用列举法对以下物品进行创新设计。①眼镜 ②帽子 ③雨伞 ④校服 ⑤手机 ⑥插座

各小组选取一种物品，组内运用头脑风暴法进行讨论，从而得到多种设计方案。

运用和田十二法分析雨伞应该如何改进。①分析常见雨伞的特点；②运用和田十二法表格，分析雨伞可以在哪些方面进行改进，并填写表格（表略），可参考表3-2。

3 创新演讲台

题目：我的牙刷我做主。要求：充分发挥自己的想象力，应用创新技法对牙刷进行创新。

项目四

开启创业时代

“大众创业、万众创新”，核心在于激发人的创造力，尤其在于激发青年的创造力。青年愿创业，社会才生机盎然；青年争创新，国家就朝气蓬勃。

——李克强

我们正处在一场静悄悄的大变革中——它是全世界人类创造力和创业精神的胜利。我相信它对21世纪的影响将等同或超过19世纪和20世纪的工业革命。

——杰弗里·蒂蒙斯

学习指南

青年学子有朝气，有活力，富于开创和探索精神，是国家的未来，创新创业的希望。在“双创”的时代背景下，青年学子要顺应时代潮流，抓住历史机遇，积极投身创新创业实践，勇当“大众创业，万众创新”的先锋队和主力军。如果你选择成为一名创业者，必须做好充分准备，认真学习，积极思考，勇于实践，经受意志品质的考验，用自己百折不挠的毅力在残酷的市场竞争中取得一席之地。

通过本项目的学习，你可以达到以下目标：

1.明确当前我国关于创新创业的良好社会环境；

2.明确创业的内涵、类型、要素；

3.明确创业精神的内涵，并注重在生活中培育创业精神；

4.明确创业者的素质要求，不断提升自己的创业素质；

5.明确创业团队的组建过程，为创业做好准备。

任务一　创业和创业精神

子任务一　当前良好的创新创业环境

◎ 任务描述

了解当前我国有利于青年创新创业的社会环境。

◎ 活动步骤

第一步，分组讨论交流当前国际经济形势的主要特点，预测世界主要经济体未来的发展趋势，填写表4-1。

表4-1

世界主要经济体	经济规模	发展快慢
中国		
美国		
欧盟		

第二步，通过与欧美国家经济发展状况进行比较，讨论交流在我国开展创新创业的前景；

第三步，通过网络、期刊等资源，了解我国当前有哪些有利于青年创新创业的政策；

第四步，以小组为单位，整理汇总青年学生可以进行创新创业的行业领域及创业形式。

案例导读

不只是“开椰器”　小创意撬动大市场

在博鳌亚洲论坛2016年年会上，一个由海口仨农果业有限公司开发的“开椰器”因被李克强总理点赞和试用而受到多方关注。海南省内外多家媒体纷纷对此进行报道转载。一时间，这个鲜有人知的小发明以极强的热度走进人们的视野。

看过“开椰器”的人，不免会有这样的疑惑，就这样一个不起眼，看起来没有什么技术含量的小工具，为什么会得到总理“发明虽小，市场不小”的评价？这个产品为什么会得到市场的青睐？

记者经采访后发现，“开椰器”只是一个引子，这个灵光一现的小创意并不是孤立存在的，其背后所展现的是互联网背景下海南热带农业的发展趋势，这个小小的工具，也许可以撬动海南巨大的椰子产业市场。

思考与讨论：

1. 为什么小创意能带动大产业？
2. 国家对青年创新创业的态度是什么？
3. 青年学生创新创业能对国家经济发展发挥什么作用？
4. 青年学生创新创业能解决个人的哪些困扰和问题？

相关知识

当前，世界经济格局面临着大调整和大变革，我国的经济发展也处于一个转型升级的关键时期。

近年来，国家相继出台了一系列创新创业的鼓励政策，新技术、新需求、新消费热点不断涌现，各行各业都以极高的积极性投入到“大众创业、万众创新”中。

“创新创业”理念体现在社会的各个方面，各行业各领域的发明创造、技术创新不断涌现，既解决了人们在生产、生活中遇到的问题，满足了市场需求，又很好地服务了大众的日常生活，提升了人们的生活品质和幸福指数。

一、世界经济发展放缓

当前，世界经济格局面临着大调整和大变革。2008年国际金融危机爆发以来，世界经济呈现动能趋缓、分化明显、下行风险上升、规则调整加快的特点，长期处于一种弱增长的态势。

（一）美国经济增长乏力

由于美国对外长期实行武装干涉政策，在世界多地陷入战争泥潭，因此国家整体实力耗损严重；同时，国内的“去工业化”使制造业加速撤离美国，美国经济增长长期低于3%，失业人数增加，社会底层民众不满情绪增长。

（二）欧盟面临分裂

欧盟最大的经济体德国近年来经济增速放缓，特别是2018年经济进入“技术性衰退”阶段，经济增速仅有1.5%。

英国深陷“脱欧”困境，英镑和欧元都迎来一个巨大的不确定期，这对全球金融格局产生了深远影响。

意大利、西班牙等欧洲重要经济体也陷入了长期的经济衰退态势。

二、中国经济继续保持较快增长态势

（一）中国经济增速长期保持在6%以上

虽然近几年我国经济增长速度有所回落，但近2016年以来仍分别增长6.7%、6.9%、6.6%。而一直为西方所标榜的印度，2019年上半年增速已降至5.4%，低于中国的6.6%。

近年来，中国对世界经济增长的贡献率超过了30%，成为世界经济增长的强劲动力，无论是发达国家还是发展中国家，都从中国经济增长中获得了巨大机遇。

改革开放以来，我国很多企业在市场经济大潮中逐渐强大起来并成为引领世界经济发展潮流的“排头兵”，如华为、阿里巴巴、格力、海尔等。而经济的长期较快增长，也为创新创业提供了良好的外部环境。

（二）青年创新创业面临最佳时机

1. 中国经济结构转型

“十二五”以来，我国原有经济增长模式所隐含的各种矛盾逐步凸显，经济增长率开始下行。

“十三五”时期，我国确定了“全面建成小康社会”的核心任务。国家实施“创新、协调、绿色、开放、共享”五大发展理念，从以要素投入型为主的经济增长方式转变成为以创新驱动为主，因此有利于青年创新创业。

2. “中国制造2025”实施

2015年5月19日，国务院印发《中国制造2025》。提出要坚持“创新驱动、质量为先、绿色发展、结构优化、人才为本”的基本方针。

《中国制造2025》确定的制造业创新中心（工业技术研究基地）建设工程、智能制造工程、工业强基工程、绿色制造工程和高端装备创新工程等，为青年学生创新创业提供了广阔舞台。

3. “一带一路”倡议的提出

2013年9月和10月，中国国家主席习近平分别提出建设“新丝绸之路经济带”和“21世纪海上丝绸之路”的合作倡议。“一带一路”倡议成为青年创新创业的重要依托。

创新小故事

“一带一路”成为青年创新创业的重要依托

截至2019年4月，中国已与“一带一路”沿线80多个国家和组织签署了合作协议，中国企业在“一带一路”沿线国家建设境外经贸合作区共82个。

2013年以来，中国与“一带一路”沿线国家贸易总额累计超过5万亿美元，成为25个沿线国家最大的贸易伙伴。

4. “大众创业、万众创新”深入人心

在2014年9月召开的夏季达沃斯论坛上，李克强总理提出，要在960万平方公里土地上掀起“大众创业”“草根创业”的新浪潮，形成“万众创新”“人人创新”的新势态。

2015年、2018年，国务院先后印发《关于大力推进大众创业万众创新若干政策措施的意见》《关于推动创新创业高质量发展打造“双创”升级版的意见》等文件。“创新是引领发展的第一动力”这一思想已深入人心。

到2017年，我国发明专利申请量达183万件，连续7年居世界首位；2018年我国的科研投入占整个GDP的2.18%，近2万亿元；许多创业者在“大众创业、万众创新”的浪潮中获得成功。

5. “互联网+”推广

2015年7月4日，国务院印发《关于积极推进“互联网+”行动的指导意见》。2019年10月20日，第六届世界互联网大会全体会议在浙江乌镇召开。

创新小故事

为什么说借助“互联网+”可以更快实现创业梦想

“互联网+”是创新2.0下的互联网发展的新业态，它推动经济形态不断地发生演变，为改革、创新、发展提供了广阔的网络平台。

“互联网+各个传统行业”，对社会资源配置的优化和集成作用显著。

“互联网+”的关键是创新，借助“互联网+”，青年学生可以更快实现创业梦想。

6. “区块链”技术应用

2019年10月24日，习近平总书记对发展区块链技术作出重要部署。未来，区块链技术将被应用在数字金融、物联网、智能制造、供应链管理、数字资产交易等领域，为青年创新创业提供先进的技术支撑。

子任务二　走近创业

◎ 任务描述

体会创业与就业的差别。

◎ 活动步骤

第一步，填写表4-2，体会创业与就业的差别；

表4-2　　创业与就业的差别

	创业	就业
担当的角色		
要求的技能		
收益与风险		
成功依赖的因素		

第二步，分组讨论交流，选择就业和创业两条不同的道路，将会对我们的人生产生什么不同影响；

第三步，通过网络、期刊、电子书等资源了解创业时代、创业者、创业精神、创业团队等相关信息，以小组为单位对搜集的信息进行整理，初步掌握创业知识。

案例导读

估值两个亿的创业公司

深圳思萌科技曹思明的创业项目是PP GUN，这是全球第一款支持枪型的控制器，简单说就是移动游戏枪——一种提高枪战游戏真实性的游戏硬件。用他自己的话说，“PP GUN是全球第一款支持枪型的控制器，可以通过蓝牙和手机、平板、PC连接，通过陀螺仪捕捉你的运动，可以实现像真枪一样瞄准目标的效果。这个枪有一个独立的后坐力模拟反馈，这款枪是针对射击游戏开发的，强调射击化的硬件体验”。

凭借智慧体感游戏枪，曹思明在《创业英雄汇》节目上获得了导师与投资人的认可，节目播出后不到一个月就成功融资1000万元人民币。在他自己看来，这个项目的融资需求是2000万元人民币，却仅占10%的股份。

曹思明之所以敢将自己的公司估值两个亿，是看好了这一项目的发展前景：一方面，游戏领域有提高枪战游戏的真实性的大量需求；另一方面，这个项目背靠整个VR（虚拟现实技术）领域，而VR是一个巨大的市场，不仅仅是游戏，也包括虚拟训练、军警训练。军警训练的成本是很高的，现在他的公司是唯一一家能做出仿真虚拟训练的科技公司。

思考与讨论：

1. 曹思明的创业故事给了你什么启发？

2. 你认为创业的要素有哪些？

相关知识

在当今中国乃至整个世界，创业成为经济发展越来越强劲的推动力。同时，创业也是个人特别是青年实现潜在自我价值的一条重要通道。一个创业者通过成功的创业活动，在使自己得到丰厚的经济回报的同时，也使自己的潜在价值社会化，赢得地位、荣誉和尊重，从而也使个人的高级需求得到满足。对青年人来说，成功的创业活动是获取人生第一桶金的重要途径。所以说，创业是开拓，创业是奉献，创业也是收获。

一、认识创业

（一）什么是创业

“创业”一词最早出自《孟子·梁惠王下》：“君子创业垂统，为可继也”，意指“开创基业”。《辞海》将“创业”定义为“创立基业”。《现代汉语词典》对“创业”的解释是“创办事业”。因此，从字面上理解，“创业”的含义是开拓、开创业绩和取得成就。

创业的多种含义

从范围上讲，创业有广义和狭义之分。

广义上的创业，泛指人类一切带有开拓意义的社会变革活动。它涉及的领域非常广阔，无论是政治、经济、军事，还是文化艺术事业，只要人们从事的是前无古人的事业，都可称为创业。狭义的创业，是指创业者通过发现和识别商业机会，组织各种资源，提供产品和服务，以创造价值的过程。我们研究学习的是狭义的创业。

（二）创业的要素

创业是一个复杂的系统。被称为“世界创业教育之父”的杰弗里·蒂蒙斯提出：创业过程涉及机会、团队、资源三个核心要素，三个要素相互影响，共同推动创业的进展。如图4-1所示：

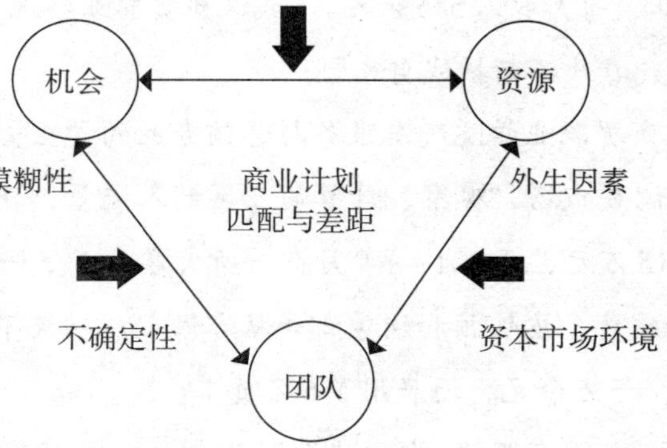

图4-1　蒂蒙斯创业过程模型

1. 创业机会

创业机会是指创业者可以利用的商业机会。机会是创业的起点，是创业过程的核心驱动力。创业过程就是围绕创业机会进行识别、开发和利用的过程。创业机会来自于一定的市场需求和变化，当某种创意能够将人们潜在的需求转化为现实的、可以操作的需求，或使得某种未能满足的需求得到满足时，则这种有价值的创意往往就意味着创业机会。

2. 创业团队

创业团队是指在创业初期（包括企业成立前和成立早期），由一群才能互补、责任共担、愿为共同的创业目标而奋斗的人所组成的特殊群体。创业团队的各个成员有着共同的创业奋斗目标，具有解决创业过程中所面临的各种困难和问题的能力；创业团队是创业过程的主导者，对于创业成功起着举足轻重的作用。

3. 创业资源

创业资源是指与创业活动直接相关的特定资产，包括有形与无形资产，如创业人才、创业资本、创业技术和创业管理等。创业资源是新创企业创立和运营的必要条件，创业者往往通过创造性地整合资源而获得成功。

在创业活动中，这三个要素是不可或缺的。没有创业机会，创业就很难有实际价值；如果有创业机会，但没有创业团队的识别和开发，机会就会白白溜走；如果没有资源，则无法利用创业机会。创业过程始于创业机会，创业之初，机会比资金、团队才干、合适的资源更重要；创业过程中，资源与机会经历着适应一差距一适应的动态过程。

创新小故事

大三学生合伙开快餐店月入5万

“开一家快餐店，每月收入5万余元。”武汉商贸职业学院学生皮俊桢说，“我只是参加社会实践，喜欢不断挑战自己”。

皮俊桢是武汉商贸职业学院汽车服务与营销专业的学生，被同学们称为“兼职达人”。他实地调查市场，观察、计算商业区的人流量，还把两个同班同学拉入伙，3人共投入15万元，于2017年9月在一所大学旁开了一家漫步Bar炸鸡坊。从采购材料到宣传销售，皮俊桢和同学都是从零做起。功夫不负有心人，快餐店经营得不错，月收入5万余元，还雇用了6名员工。

“他很能吃苦，也很有想法。”合伙人邓明华说，虽然有点累，但是非常开心，很有成就感。皮俊桢的第二家快餐店也即将开业。他有个梦想，将快餐店做成一个快餐店品牌，并为同学们提供更多的就业机会。

（三）创业的类型

从不同的角度划分，创业可分为不同的类型。

1. 根据创业目的的不同，分为生存型创业和机会型创业

生存型创业，是指创业者由于生存压力、为了谋生而自觉或不得已而选择创业。中国大多数创业者属于生存型创业，如下岗职工、刚刚毕业找不到工作的学生等为了生计而创业。

机会型创业，是指创业者主动把握和利用市场机遇，以实现价值创造的创业行为，如职业经理人、高校教师、专利技术发明者这类人的创业。这类创业以市场机会为目标，创造新的需要或满足潜在需求，带动新产业的发展。

2. 根据创业起点的不同，分为创建新企业和企业内创业

创建新企业，是指创业者或创业团队从无到有地创建全新的企业。这个过程复杂，充满机遇、风险、挑战和困难。

企业内创业指在已有公司或企业内进行创新创建的过程，如企业流程再造正是通过二次、三次乃至持续不断的创新创业，使企业的生命周期不断地循环延伸。

3. 根据创业者数量的不同，分为独立创业和合伙创业

独立创业是创业者独立创办自己的企业，他们独自承担风险、整合资源，产权归个

人所有，自由掌控企业。独立创业的劣势是企业规模较小，难以在较短时间内解决企业发展所需要的人员、资金等各方面的需求，企业难以在短期内发展壮大。合伙创业是与他人共同创办企业，其优势和劣势与独立创业相反。

4. 根据创业项目性质的不同，分为传统技能型创业、高新技术型创业和知识服务型创业

传统技能型创业，是指使用传统技术和工艺进行的创业项目，如生产中药、服装加工等，这些独特的传统技能在市场上表现出经久不衰的竞争力。

高新技术型创业是指知识密集度高，带有前沿性和研究开发性质的新技术、新产品的创业项目，如智能机器人方面的创业项目。知识服务型创业是指为人们提供知识、信息的创业项目，如创建会计师事务所、工程咨询公司等。

5. 根据创业方向或风险的不同，分为依附型创业、尾随型创业、独创型创业和对抗型创业

依附型创业分为两种情况：一是依附于大企业或产业链而生存，在产业链中明确自己的角色，为大企业提供配套服务而进行的创业；二是特许经营权的使用，如利用知名品牌效应和成熟的管理模式，通过连锁加盟等方式进行创业。

尾随型创业，是指模仿他人创业，学习行业内已有的同类企业或类似经营项目。

独创型创业，是指企业提供的产品能够填补市场空白，大到独创商品，小到商品的某种技术。

对抗型创业，是指进入其他企业已形成垄断地位的某个市场，与之对抗衡量。例如，针对20世纪90年代初外商在中国市场上大量销售合成饲料的局面，希望集团建立了我国西南最大的饲料研究所研发自己的产品，定位于与外商抢占市场，一举获得成功。

6. 根据创新内容的不同，分为基于产品创新的创业、基于服务模式创新的创业和基于组织管理体系创新的创业

基于产品创新的创业，是基于技术创新或工艺创新的成果，产生新的消费群体，从而导致创业行为的产生。

基于服务模式创新的创业，是采取一种有别于其他厂商的服务模式，可能给消费者带来更大的满足感。

基于组织管理体系创新的创业，是采取一种有别于其他厂商的企业组织管理体系，因而更有效地实现产品的商业化和产业化。

（四）创业的一般过程

创业过程是创业者发现、评估商机，将商机转化为企业，创业者再对新企业进行成长管理的过程。按照创业过程中各种具体管理活动的发展顺序，可将创业活动划分为以下几个阶段：

1. 产生创业动机

“创业是你想要创业，还是你一定要创业？”创业动机的强烈程度影响创业行为。创业活动的主体是创业者，创业活动首先取决于个人是否决定成为创业者。一个人是否能成为创业者，直接受三方面因素的影响：

一是个人特质。由于遗传和环境的双重影响，每个人创业动机的强度不同。与成功者接触越多、对成功创业者的了解越多，就越能使个人产生强烈的创业精神。

二是创业机会。创业机会的增多会强化人们的创业动机，会促使更多的人将创业动机转化为创业实践。

三是创业的机会成本。创业的机会成本一般较低，也就是说，如果不去创业而从事其他工作，他们获得的收入和所需要的满足程度比自己创业低。人们若能从其他工作中获得高收入并且需求得到满足，创业意愿就低。

2. 识别创业机会

Pocket Points 的诞生

识别创业机会是创业过程的核心，是创业管理的关键环节，包含发现机会价值和评价机会价值两个方面。比如，创业者从何处识别创业机会？哪些因素影响创业者识别创业机会？是不是所有的创业机会都能为创业者创造价值？创业者通常会广泛交流、沟通、获取信息以识别创业机会，同时对自认为看到的机会加以评估。

3. 整合资源

整合资源是创业者开发机会的重要手段。对于创业者来说，整合资源包括整合创业者自己所拥有的资源、他人所掌控的资源，只有将内外部所有可能促进创业者实现创业目标的资源都融合起来，才更有利于实现创业理想。

4. 组建新企业或建立新事业

新企业的创建和新事业的诞生是衡量创业者创业行为的直接标志。创建新企业有很多事情要做，如设计公司制度、注册企业、选择经营地址、确定进入市场的途径等。对于公司内部的创业活动来说，面临设置奖罚制度、制定利益分配原则、创新资金投入预算控制机制等问题。值得注意的是，许多创业者在创业初期迫于生存的压力，以及对未来缺乏准确的预期，往往容易忽视这部分工作，结果给以后的发展留下了隐患。

5. 实现机会价值

实现机会价值是创业过程中的主要环节，称之为新企业的生存与成长。创业者整合资源，通过实现机会价值来实现自己的创业目标。新创建的企业要考虑挖掘客源、品牌塑造等问题，有多年经营历史的企业需要考虑维护品牌价值、维护老顾客等问题。不同的成长阶段，创业者面临的问题不同，需要采取有效措施予以防范和解决，使机会价值得以充分体现，不断开发新机会，把企业做大、做强、做活、做长。

6. 收获回报

回报是创业活动的主要目的，对创业者来说，回报既包括精神层面的内容，也包括物质层面的内容，对回报的追求有助于强化创业者对事业的执着。对创业者来说，创业是获取回报的手段和途径，是一种载体，不是目的本身。回报可能是多种多样的，对回报的满意程度大多取决于创业者的创业动机。调查发现，多数创业者的创业动机首先是自己当老板，然后是追求利润和财富。

二、创业的意义

创业对社会进步和个人发展都有极为重要的作用。

（一）创业的社会意义

1. 创业可以增加社会财富，促进经济的发展和社会的繁荣。创业过程是增加社会财富的过程，企业在生产经营的过程中，创造了社会财富，提高了社会价值，并增加了国家的财政税收。企业的产品和服务拉动了国内市场需求，满足了人们的生活需要，促进了社会的繁荣。

2. 创业可以实现先进技术转化，促进生产力提高和科技创新。创新是创业的主要驱动力量，创业是新理论、新技术、新知识、新制度的孵化器，也是新理论、新技术、新知识、新制度形成现实生产力的转化器。

3. 创业可以提供就业岗位，缓解社会就业压力。中小型创业企业不仅解决了创业者本身的工作岗位，同时也为需要工作的人们提供了大量的工作岗位，扩大了就业范围，降低了失业率，缓解了国家承担的就业压力。

4. 创业可以激发整个社会的创新意识和创业精神，有利于社会成员职业观念的转变，对形成健康的就业择业观念，对于形成创新、宽容、民主、公正、诚信等观念和文化具有积极的作用。

创新金言

每个人都想得到社会的认同，得到别人的尊重，都想展现自我价值，那么创业无疑是一条最好的道路。

——海尔集团董事局主席　张瑞敏

（二）创业对个人发展的意义

1. 创业有利于创业者锻炼和提升自己的本领，充分发挥自己的才干。创业可以摆脱上班族原有的种种羁绊，摆脱在行为上受制于人的局面，充分施展自己的才华，发挥最大的潜能，使自己的人生价值得到更好的体现。

2. 创业可以帮助个人积累财富，在一定程度上满足个人对物质的追求欲望。工薪阶层的收入有高有低，但都是有限的，发展空间不大。而开创一份完全属于自己的事业，它提供的利润是没有极限的，可任你想象。

3. 创业能够使个人有机会和实力回馈社会，具有极高的成就感。创业者创造的企业一方面为社会提供了产品和服务，另一方面也为个人、社会创造了财富。企业融入社会再生产的循环之中，从多个环节为国家和社会做出了贡献。这种贡献使得创业者个人能够从中获得巨大的成就感。

4. 创业能够使个人从事自己喜欢或是熟悉的事业并从中获得乐趣和成就感。创业者选择创业项目，通常会从个人感兴趣的领域着手，将其与自己的知识技能、专业特长结合起来，以自己的专业特长为社会提供更符合消费需求的产品或是服务；而做自己喜欢的事本来就是一种享受。

5. 创业使个人从挑战和风险中获得别样的享受。创业充满挑战和风险，同时也充满克服困难的无穷乐趣。在创业过程中，可以感受到无穷的变化、挑战和机遇，挑战自我、实现自我价值本身就是一个令人兴奋的过程。

创新小故事

小耿的轮滑俱乐部

小耿打小就喜欢滑板。上初中时买了一个玩具滑板，高中毕业后，他对滑板的喜欢更是发展成了一种对滑板文化的探究。毕业后，小耿做营销，但没有放弃滑滑板这一爱好，玩得是越来越好，滑板也换了好多块。当时这个城市没有专门的滑板店，小耿要到北京才能买到称心如意的滑板。随着越来越多的爱好者加入滑板队伍，一些刚玩滑板的人老是向小耿打听怎样购买滑板等问题。时间长了，小耿干脆辞职在当地开了一家自己的滑板店。

小耿把店开成滑板俱乐部来招徕顾客，在店里开设专门的滑板区，让顾客试用滑板性能，并进行简单的滑板表演吸引顾客。他的店里充满滑板文化的气氛，有很多介绍滑板、吸引顾客的手段。店里还举行定期的滑板表演，一来可以发展滑板队伍，二来可以宣传小耿的店，培养目标客户。这些招数还真挺管用，小耿的生意做大了。小耿作为老板，仍定期和滑板爱好者切磋技艺。小耿说："尽管开始的时候有些难，但只要是自己喜欢的，我会努力地去做，我目前只是迈出了小小的一步。"

子任务三 培育创业精神

◎ 任务描述

观看影片《中国合伙人》，并交流观后感。

◎ 活动步骤

第一步，课前布置观看影片《中国合伙人》；

第二步，课堂分组讨论，讲述影片中最打动自己的情节或台词；

第三步，分析电影主人公成东青、孟晓骏和王阳三人的创业动机；

第四步，讨论从影片中我们能感受到创业者需要具备什么样的创业精神。

案例导读

利用直播销售珍珠的何海

何海是浙江省绍兴市诸暨市山下湖镇新长乐村的一名"95后"。山下湖镇是中国最大的淡水珍珠养殖、加工、交易基地，该镇新长乐村80%以上的村民从事珍珠生产与销售。何海就是土生土长的新长乐村人。

30多年前，何海父母就做珍珠的生意。何海大学毕业后，偶然在网上看到有人通过直播销售家乡的水果，便思索“是否可以创新销售渠道，通过直播开蚌、取珠，来贴近市场需求呢？”

萌生想法后，何海毅然选择回到家乡，开启直播销售珍珠的创业之路。何海说，他一般白天下塘饲养蚌、捞蚌，晚上直播剖蚌取珠，并将珍珠或定制的珍珠产品销售给网友。“从开始的几个粉丝上涨至现在近6万粉丝，我感觉，传统产业也有时代的机遇。”何海说。

珍珠销售渠道的创新，不仅让何海一家的年收入翻了一倍，在他的影响下，很多村民也依靠网络直播销售富了起来。村里去年直播销售额达13.5亿元人民币，外加微商等渠道的销售，线上总销售额约20亿元人民币。

何海的房间内堆满了晚上直播要用的珍珠蚌，不远处的椅子上，摆放着一个生日蛋糕。被问及今年的生日愿望时，何海腼腆一笑，说：“我想通过小小的直播，带动村、镇，甚至整个诸暨市珍珠产业的发展，还想把我这股创新创业的精气神，传递给更多年轻人。”

思考与讨论：

1. 何海身上体现了什么精神？

2. 创业精神的重要意义是什么？

相关知识

创业精神对个体的人生追求和事业发展具有重要影响，对企业的发展、民族的兴旺和国家的繁荣同样有着重要影响。创业精神不仅体现在个性品质和行为方式上，而且体现在一个国家或企业的创新上。

一、认识创业精神

（一）什么是创业精神

创业精神，是指在创业者的主观世界中，那些具有开创性的思想、观念、个性、意志、作风和品质，主要表现为勇于创新、勇担冒险、团结合作、坚持不懈等。创业精神的内涵，从哲学层次上看，指创业思想和创业观念，是人们对创业的理性认识；从心理学层次上看，指创业个性和创业意志，是人们创业的心理基础；从行为学层次上看，指创业作风和创业品质，是人们创业的行为模式。

（二）创业精神的主题

创业精神包含了三个主题：第一个主题是对机会的追求。创业精神是追求环境的趋势和变化，而且往往是尚未被人们注意的趋势和变化。第二个主题是创新。创业精神包含了变革、革新、转换和引入新方法，即新产品、新服务或者是做生意的新方式。第三个主题是增长。创业者追求增长，他们不满足于停留在小规模或现有的规模上，创业者希望他的企业能够尽可能地增长，员工能够拼命工作。因为他们在不断寻找新趋势和机会，不断地创新，不断地推出新产品和新的经营方式。

创新金言

在我的家乡孟菲斯以及全国各地，我看到年轻人接受教育、成立家业、照顾老人、帮助弱者。我还看到他们利用他们的创业精神开办公司和公益机构，并且推动了新经济的发展。

——杰弗里·蒂蒙斯

（三）创业精神的表现

创业精神是创业者在创业过程中重要行为特征的高度体现，主要表现在以下几个方面

1. 创新精神

企业家精神中最重要的就是创新。创新是引领企业发展的第一动力，是企业家精神的鲜活灵魂。因为一个企业的发展过程实质上就是一个不断创新的过程，如果没有创新，这个企业就没有发展。企业家的创新精神体现为一个成熟的企业家能够发现一般人所无法发现的机会，能够运用一般人所不能运用的资源，能够找到一般人想不到的办法。

创新小故事

超越自己的黄恺

中国最成功的桌游《三国杀》曾风靡全国，其创始人黄恺正是一位典型的大学生创业者。

黄恺2004年考上中国传媒大学动画学院游戏设计专业，他在大学时期就开始“不务正业”，模仿国外桌游设计出了具有中国特色、符合中国人娱乐风格的桌游——《三国杀》。2006年10月，读大二的黄恺开始在淘宝网上贩卖《三国杀》，没想到大受欢迎。毕业后的黄恺并没有任何找工作的打算，而是借了5万元注册了一家公司，开始做起《三国杀》的生意。2009年6月底，《三国杀》成为中国被移植至网游平台的一款桌上游戏。2010年，《三国杀》正版桌游售出200多万套。

粗略估计，《三国杀》迄今至少给黄恺带来了几千万的收益，并且随着《三国杀》品牌的发展，收益还将会继续增加。

有人怀疑，在“三国杀”几乎已经成为桌游代名词的情况下，黄恺能否设计出超越《三国杀》的游戏？

“《三国杀》成为中国第一桌游，是诸多因素叠加的结果，很多因素不会重现。我的目标不是超越某个具体的产品，而是尽全力超越自己。”黄恺说。

2. 冒险精神

在创新的过程中不可避免地要遇到挑战和风险，所以创新精神的内涵中必然包括承担风险和挑战不确定性的冒险精神。没有甘冒风险和承担风险的魄力，就不可能成为企业家。对一个企业和企业家来说，不敢冒险才是最大的风险。

3. 合作精神

单枪匹马有时的确可以成就一番事业，但是团结所有有利于成功的力量，成功的概率就会更大。在创业精神中，个人英雄主义并不能占到主导地位，而团队意识、合作精神贯穿于价值创造的全过程。尽管伟大的企业家表面上常常是一个人的表演，但真正的企业家其实是擅长合作的，而且这种合作精神需要扩展到企业的每个员工。企业家既不可能也没有必要成为一个超人，但企业家应努力成为“蜘蛛人”，要有非常强的“结网”能力和意识。

4. 社会责任

伟大的创业者不是完全为了实现个人的财富梦想而创业的，而是为了帮助普通人实现自己的梦想而努力的人。成功的创业者应该是一个有社会责任感的人，应该把实现社会价值和赚取阳光财富结合起来。

随着80后、90后创业者的涌现，年轻的创业者最重要的变化就是他们对精神层面的追求更为纯粹，社会责任成为他们构建新的商业模式时主动考虑的重要内容。可以预见，未来中国最好的企业家都会以“社会企业家”的姿态出现。

创新金言

我们国家最需要一种创业精神，就是每一个人通过自己的创新，把一种不可能变为可能。我觉得这就是一种创新，每个人都可以做。对我们国家来讲，拥有和弘扬这种创业精神，我们在国际上的竞争力才可以不断地升级。

——联想集团创始人　柳传志

二、如何培育创业精神

创业精神的培养不可能在一朝一夕之间完成，需要进行有意识地培养，使之在潜移默化中得到提高。

（一）学习知识，提高技能

创业是一个艰辛的过程，会遇到许多的困难，所以要求创业者能够掌握和运用一定的知识来解决问题。我们可以通过专业知识和创业知识的学习，有意识地提高创业技能；可以通过创新创业教育课程的学习，全方位地掌握创业知识。

（二）参加实训，丰富实践

创业精神品质的形成重在实践训练，积极的实践能带来及时的反馈和成就感、喜悦感，能锻炼坚强的创业心理品质。我们可以参加创业见习基地、创业孵化园的实践，可以参加勤工俭学、社区服务岗位的锻炼，可以参加SYB等创业培训，可以参加创业大赛、创业社团、创业讲堂等实践活动，在实际活动中强化创业行为、培育创业精神。

（三）学习榜样，并将其发扬光大

创业精神自古就有，许多成功者的创业意识、创业理念、创业态度、创业思维值得我们学习。我们应该好好学习前人的创业精神，并通过运用来发扬光大。正如托尔斯泰所说，“正确的道路是这样：吸取你前辈所做的一切，然后再往前走”。

任务二　创业者和创业团队

子任务一　对话创业者

◎ 任务描述

了解创业者。

◎ 活动步骤

第一步，课前布置观看阿里巴巴官方纪录片*Dream Maker*（《造梦者》）。

第二步，小组讨论，什么是创业者？创业者具备哪些素质？

第三步，完成表4-3的创业素质评估，组内交流自我评价。

表4-3　　创业素质评估

评估内容			评估结果
创业心理基础	创业意识	创业需要	
		创业动机	
		创业兴趣	
		创业理想	
		创业世界观	
创业心理基础	创业个性品质	信心	
		胆识	
		恒心	
		诚心	
创业知识技能	创业相关知识及能力	创新知识与能力	
		决策知识与能力	
		经营管理知识与能力	
		社会活动知识与能力	

案例导读

成功的秘诀就在于"多一次等待"

小萍中职毕业后，和好友小丽从农村来到省城打工，姐妹俩几经周折被一家礼品公司招聘为业务员。到省城打工的她们初来乍到，没有客户，也没有任何关系，每天只能提着沉重的钟表、影集、茶杯、台灯以及各种工艺品的样品，沿着城市的大街小巷去寻找买主。5个多月过去了，她们跑断了腿，磨破了嘴，仍然到处碰壁，连一把钥匙链也没有推销出去。

无数次的失望磨掉了小丽最后的耐心，小丽辞职，重找出路。小萍说，万事开头难，再坚持一阵，兴许下一次就有收获。小丽不顾小萍的挽留，毅然告别那家公司。第二天，姐妹俩一同出门。小丽按照招聘广告的指引到处找工作，小萍依然提着样品四处寻找客户。几天后的一个晚上，两个人回到出租屋时却是两种心境：小丽求职无功而返，小萍的付出却得到了回报，拿回来人生中的第一张订单。这是一家她多次登门的公司，因为要召开一个大型会议，感于小萍的诚意，故向她订购250套精美的工艺品作为与会代表的纪念品，总价值20多万元。小萍因此拿到2万元的提成，淘到了打工的第一桶金。从此，小萍的业绩不断攀升，订单一个接一个。

几年过去了，在事业上尝到了甜头的小萍成立了自己的公司。因有了打工经历，又选择了自己熟悉的行业，小萍的创业道路一帆风顺。经过近一年的创业，公司就有了不错的效益。小萍在还没有看到光明时，选择了等待，并在等待中积聚成功的力量。在创业的路上，有时等待未必不是一种好的选择。

从上述案例中我们看到，只是相差一次等待，就使原本有相当机遇的姐妹俩走上了迥然不同的人生之路。在我们创业的道路上，选择创业其实就是选择一种希望，困难来临，不能绝望，要冷静下来，认真思考，等待崛起的契机。有时等待一个未知的结果，会让人饱受煎熬，所以没有人愿意等待，但人又必须学会等待。等待是生存的重要技能，在等待中蓄积锐气，在等待中寻找商机。不只是小萍，多少业绩辉煌的知名人士，最初的成功也都源于“多了一次等待”。

思考与讨论：

1. 小萍取得事业成功的原因是什么？给你带来什么启发？

2. 你是如何对待学习、工作或生活中遇到的挫折的？

相关知识

创业者是创业的主体。创业者既可以是一个单独的个体，也可以是一个团队；既是新创企业的意志主体，又是行为主体。

一、认识创业者

（一）什么是创业者

创业者的
不同定义

创业者是指发现某种信息、资源、机会或掌握某种技术，利用或借用相应的平台或载体，将其发现的信息、资源、机会或掌握的技术以一定的方式转化、创造成更多的财富和价值，并实现某种追求或目标过程的人或团队。

创业者是企业繁荣发展的核心力量，是一个企业的创始者或一项事业的创造者。创业者在创业团队中起到创业领导者的作用，善于作为创新先锋，创造新价值、新市场、新顾客，是创新活动的领导者和倡导者。

（二）创业者应具备的基本素质

对创业者素质的
不同观点

创业素质是创业者必须具备的重要素质之一，它是指创业者创业所必需的各种能力、品性、习惯等各方面的综合性素质。创业素质是个综合性很强的概念，其内涵深刻丰富而且具有广泛的外延。但概括起来，创业素质可分为创业意识、创业心理素质、创业能力和创业知识结构四大要素。

1. 创业意识

创业意识包括创业需要、创业动机、创业兴趣、创业理想、创业信息和创业世界观。影响创业意识的因素包括自身的创业素质和社会创业环境。创业意识是准备和实施创业的基础和前提，也是形成创业目标的重要因素。良好的创业意识有助于正确分析、制定出正确的创业目标，评估创业风险，学习、掌握创业知识和理念。没有创业意识或者缺乏创业意识，就不可能较好地准备和进行创业。

创业意识的培养是促进学生创业素质形成的基本前提。创业意识的培养应该包括自主创业意识、风险和冒险意识、创新意识、竞争意识、成功意识、时效意识、市场意识、法律意识等的培养；另外还应注意培养自我管理、自主决策和独立生活的能力，培养克服自卑心理和能够吃苦耐劳的精神。在创业意识的教育中，还要注意帮助学生克服传统观念的影响，树立正确的就业观和人才观，勇于创业，敢于创业。

2. 创业心理素质

心理素质包括意志与毅力、兴趣与爱好、自信心、钻研精神、心理承受能力等。创业者的心理素质对创业成功起着关键作用。中职学生应加强良好的心理素质的培养和训练，包括创业应有的信心、胆识、恒心、诚心等。只有具备良好的心理素质，才能正确对待成与败、得与失，不惧怕困难和风险，保持坚定的信心和决心，始终充满自信、坚忍不拔、乐观向上、勇于创新，并能妥善处理和应对好各种不利的局面，化解矛盾，使所创立的事业从小到大，不断走向辉煌。

3. 创业能力

创业能力是一种特殊的能力，这种特殊能力往往影响创业活动的效率和创业的成功与否。创业能力一般包括组织领导能力、学习能力、决策能力、沟通能力、创新能力、承受风险能力等。

创新金言

摔倒了十次就再也不愿爬起来，他就永远是失败的，但是他哪怕是摔倒了一万次，他一万零一次继续站起来，往前走实在站不起来了，爬也要爬着往前走，这就叫成功。

——俞敏洪

4. 创业相关知识与技能

知识经济时代的特点决定了知识，特别是所从事行业所需的相关专业知识对创业成功发挥着重要作用。只有掌握了相应知识，才能对所从事的行业进行准确分析和判断，及时把握各种机会。成功创业需要的知识和能力主要有：创新知识与能力，包括创造性思维、创造技法、发明与革新、适应与求变等；决策知识与能力，包括信息获取、情报检索、预测决策、反馈调节等；经营管理知识与能力，包括领导科学、组织管理、财务管理、金融与投资、市场营销、电子商务等；社会活动知识与能力，包括人际交往、合作共事、公共关系、社情民意调查分析等。

以上四个方面的要素中，每项要素均有其独特的地位与功能，任何一个要素发生变化或残缺不全，都会影响其他要素的形成和发展，影响其他要素功能和作用的发挥，乃至影响创业的成功。因此，一个未来的创业者，不仅要注意在环境和教育的双重影响下培养自己的创业素质，而且要重视其整体结构的优化，在创业实践中不断提高自己的创业素质。

二、创业者应具备的创业能力

（一）领导能力

领导能力，是指在管辖的范围内充分地利用人力和客观条件，以最小的成本办成所需的事情，提高整个团体的办事效率。领导能力是一种较高层次的综合能力，包括团队组建与管理能力、市场定位与开拓能力、企业文化设计与培育能力、应付突发事件的能力等，其中团队组建能力最为重要。

（二）决策能力

决策能力是创业者根据主客观条件，因地制宜，正确地确定创业的发展方向、目标、战略以及具体选择实施方案的能力。决策是一种综合能力的表现。一个创业者首先要成为一个决策者，正确决策是保证创业活动顺利进行的前提。尤其是有关创业机会的识别和选择、创业团队的组建、创业资金的融通、企业发展战略以及商业模式的设计等重大决策，直接关系着对创业全局的驾驭以及创业的成败。创业团队成员选择的一种平衡方法是，在知识、技能和经验方面主要关注互补性，而在个人特征和动机方面则考虑相似性。

创业金言

领军人物好比是阿拉伯数字中的1，有了这个1，带上一个0，它就是10，两个0就是100，三个0是1000。

——联想集团创始人　柳传志

（三）学习能力

学习能力是一个人、一个企业以及一个组织学习的毅力、动力和能力的综合体现，是企业竞争的最终决定力。作为创业者，许多专业知识和专业技巧要在实践中不断摸索，逐步提高、发展、完善。创业者要重视创业过程中的知识积累和职业技能的训练，对于书本上介绍过的知识和经验，要在加深理解的基础上予以提高、拓宽；对于书本上没有介绍过的知识和经验，要在探索的过程中详细记录、认真分析，进行总结、归纳，上升为理论，形成自己的经验特色，积累起来。

（四）沟通能力

沟通能力，是指能够妥善处理与公众（政府部门、新闻媒体、客户等）之间的关系，以及能够协调下属各部门成员之间关系的能力。创业者应该做到妥当地处理与外界的关系，尤其要争取政府部门、工商税务部门的支持与理解，同时要善于团结一切可以团结的人，团结一切可以团结的力量，求同存异，协调发展，做到不失原则、灵活有度，善于巧妙地将原则性和灵活性结合起来。

（五）创新能力

创新能力是创业能力的重要组成部分，是企业化解外界风险和取得竞争优势的有效途径。它包括两方面的含义：一是大脑活动的能力，即创造性思维、创造性想象、独立性思维和捕捉灵感的能力；二是创新实践的能力，即人在创新活动中完成创新任务的能力。创新能力是一种综合能力，与人们的知识、技能、经验、心态等有着密切的关系。具有广博、扎实的基础知识，熟练的专业技能，丰富的实践经验，以及良好心态的人容易形成创新能力。

（六）风险承受能力

创业者在采取行动之前都冒着巨大的风险，有风险才有回报，风险越大，得到的回报也就越高。换言之，选择成为创业者，必然是勇敢的冒险家。创业过程中，一定存在压力和困难，重要的是你能不能以一颗坚强的心去面对。创业之路实际上很残酷，正如马云所说：“对所有创业者来说，永远告诉自己一句话：从创业的第一天起，你每天要面对的是困难和失败，而不是成功。我最困难的时候还没有到，但有一天一定会到。”他还告诉创业者，困难是不能逃避的，也不能让别人替你去扛，任何困难都必须你自己去面对。

创新金言

创业者光有激情和创新是不够的，它需要很好的体系、制度、团队以及良好的盈利模式。

——马云

子任务二　组建创业团队

◎ **任务描述**

模拟创业团队。

◎ **活动步骤**

第一步，收集创业成功或失败的案例，分析创业团队的作用；

第二步，分小组模拟创业项目分工；

第三步，总结提炼创业团队的组建原则、承担的重任以及如何管理。

案例导读

阿里巴巴和十八罗汉

1999年2月20日，大年初五，在杭州湖畔花园小区的马云家中，18个人聚在一起开了动员会。屋里几乎家徒四壁，只有一个破沙发摆在一边，大部分人席地而坐，马云站在中间讲了整整两个小时。彭蕾说："几乎都是他在讲，说我们要做一个中国人创办的世界上最伟大的互联网公司，张牙舞爪的，我们就坐在一边，偷偷翻白眼。"

公司的启动资金是50万，18个人一起出钱凑。马云并不是没有这笔钱，但是他希望公司是大家的，所以18个人都出了钱。大家各自占了一份不同比例的股份，写在一张纸上，很简短的英文。签上名字之后，马云让大家回去把这张纸藏好，从此不要再看一眼，"天天看着它做梦，我们就做不好事"。在很长的时间里，这些人每个月拿500元钱的工资，在湖畔花园附近举步可达的地方租房子住，有的两三人一起合租，有人索性住进了农民房，吃饭基本就是3块钱的盒饭。戴珊很喜欢吃霉干菜，有一次吃着盒饭，突然对大家说："等我有钱了，我就去买一屋子的霉干菜！"

这些人，创造了阿里巴巴，他们被称为十八罗汉。十年后，这家公司上市了，在上市当天成为一家市值超过200亿美元的中国互联网公司。而这18个人，据猜测，他们每个人都已经成为亿万富翁。当然，他们不是IPO中唯一获利的团队，阿里巴巴中70%的员工，大约有4900名员工，成为不折不扣的富翁。马云作为核心创始人功成名就。除马云外，剩余的十七罗汉有的在国外被"委以重任"，有的留学国外"深造"，有的仕途坦荡……正如周悦虹所说，上天给了他们这么好的一个机会，可谓天时地利人和都给他们了。十八罗汉成就了阿里巴巴。

思考与讨论：

1. 你认为创业团队的概念是什么？
2. 阿里巴巴创业团队的特点是什么？
3. 阿里巴巴"十八罗汉"的案例给我们哪些启示？

相关知识

没有团队的创业也许并不一定会失败，但要创建一个高成长性企业，仅仅依靠一个人单打独斗是很难实现的。"选择了正确的团队，就是完成了80%的工作。"这是很多风险投资家投资企业时的经验之谈。创业需要组建一个相互协作、有稳定组织结构的群体，使其成为一个既有统一意志又能分工协作、又具有较强凝聚力和战斗力的团队。它使各成员联合起来，在行为上彼此影响，在心理上意识到其他成员的存在及彼此相互归属的感受和工作精神。

一、认识创业团队

（一）什么是创业团队

创业团队是指由两个或两个以上的人组合在一起，能互补、责任共担，愿为共同的创业目标而奋斗的特殊群体。一般而言，创业团队由5大要素组成：

1. 目标。创业团队应该有共同的目标，并为之持续奋斗。目标在企业管理中以企业愿景和战略的形式表现出来。

2. 人员。人是所有创业资源中最活跃、最重要的资源。他们所拥有的知识对创业团队的贡献程度将决定企业在市场中的命运，他们各自的能力优势与资源优势能够形成“1＋1＞2”的协同效应。

3. 定位。创业团队应确定好谁来选择、决定、负责团队成员，采用何种形式激励下属，应明确团队成员的定位，即明确各人在新创企业中担任的职务和承担的责任。

4. 权限。为保证创业团队成员的良好合作，赋予每个成员一定的权限是必要的。

5. 计划。通过一系列具体的行动方案，保证创业团队的工作顺利开展，保证成员明确在不同阶段分别要做哪些工作以及怎样做。

创新金言

当今世界充斥着丰富的技术、大量的创业者和充裕的风险资本，而真正缺乏的是出色的团队。如何创建一个优秀的团队将会是你面临的最大挑战。

——约翰·多尔

（二）创业团队的类型

一般来说，创业团队大体上可以分为3种，分别是：星状创业团队（Star Team）、网状创业团队（Nesh Team）和从网状创业团队中演化来的虚拟星状创业团队（Virtual Star Team）。

1. 星状创业团队

在星状团队中，一般有一个核心主导人物充当领导的角色。这种团队在形成之前，一般是领军人物有了创业的想法，然后根据自己的设想进行创业团队的组织。加入创业团队的成员也许是领军人物以前熟悉的人，也有可能是不熟悉的人，但其他的团队成员在企业中更多时候是支持者的角色。

这种创业团队有几个明显的特点：（1）组织结构紧密，向心力强，主导人物在组织中的行为对其他个体影响巨大。（2）决策程序相对简单，组织效率较高。（3）容易形成权力过分集中的局面，从而使决策失误的风险加大。（4）当其他团队成员和主导人物发生冲突时，因为核心主导人物的特殊权威，其他团队成员在冲突发生时往往处于被动地位；在冲突较严重时，一般都会选择离开团队，因而对组织的影响较大。

2. 网状创业团队

网状创业团队的成员一般在创业之前都有密切的关系，比如同学、亲友、同事、朋友等。一般都是在交往过程中，共同认可某一创业想法，并就创业达成共识以后，开始共同创业。在创业团队组成时，没有明确的核心人物，大家根据各自的特点进行自发的组织角色定位。因此，在企业初创时期，各位成员基本上扮演协作者或者伙伴角色。

这种创业团队有几个明显的特点：（1）团队没有明显的核心，整体结构较为松散。（2）组织决策时，一般采取集体决策的方式，通过大量的沟通和讨论达成一致意见，因此组织的决策效率较低。（3）由于团队成员在团队中的地位相似，因此容易在组织中形成多头领导的局面。（4）当团队成员之间发生冲突时，一般都采取平等协商、积极解决的方法消除冲突。团队成员虽然不会轻易离开，但是一旦团队成员间的冲突升级，某些团队成员撤出团队，就容易导致整个团队的涣散。

3. 虚拟星状创业团队

虚拟星状创业团队是由网状创业团队演化而来的，基本上是前两种的中间形态。在团队中，有一个核心成员，但是该核心成员地位的确立是团队成员协商的结果。因此核心人物在某种意义上说是整个团队的代言人，而不是主导型人物，其在团队中的行为必须充分考虑其他团队成员的意见，不像星状创业团队中的核心主导人物那样有权威。

创新小故事

俞敏洪不被当领导看

俞敏洪有一次在接受采访时说：“在新东方，没有任何人把我当领导看，没有任何人会因为我犯了错误而放过我。在无数场合下，我都难堪到了无地自容的地步，我无数次后悔把这些精英人物召集到新东方来，又无数次因为新东方有这么一大批出色的人才而骄傲。因为这些人的到来，我明显地进步了，新东方明显地进步了。没有他们，我到今天可能还是个目光短浅的个体户；没有他们，新东方到今天还可能是一个名不见经传的培训学校。”

二、组建创业团队

创业团队的组建是一个相当复杂的过程，不同类型的创业项目所需的团队不一样，创建步骤也不完全相同。但一般情况下，组建创业团队需要有这样几个步骤：

（一）明确创业目标

创业团队的总目标就是要通过完成创业阶段的技术、市场、规划、组织、管理等各项工作，完成企业从无到有、从起步到成熟的过程。总目标确定之后，为了推动团队最终实现创业目标，再将总目标加以分解，设定若干可行的、阶段性的子目标。

（二）制订创业计划

在确定了总目标以及阶段性子目标之后，紧接着就要考虑如何实现这些目标，这就需要制订周密的创业计划。创业计划是在对创业目标进行具体分解的基础上，以团队为整体来考虑的计划，创业计划确定了在不同的创业阶段需要完成的阶段性任务，通过逐步实现这些阶段性目标来最终实现创业目标。

（三）招募合适的人员

招募合适的人员也是创业团队组建最关键的一步。关于创业团队成员的招募，主要应考虑两个方面：一是互补性，即考虑其能否与其他成员在能力或技术上形成互补。这种互补性的形成，既有助于强化团队成员间的彼此合作，又能保证整个团队的战斗力，更好地发挥团队的作用。一般而言，创业团队至少需要管理、技术和营销三个方面的人才。只有这三个方面的人才形成良好的沟通协作关系后，创业团队才可能实现稳定高效。二是规模适度，适度的团队规模是保证团队高效运转的重要条件。团队成员太少，则无法实现团队的功能和优势；而过多又可能会产生交流障碍，团队很可能会分裂成许多较小的团体，进而大大削弱团队的凝聚力。一般认为，创业团队的规模控制在2～12人最佳。

（四）职权划分

为了保证团队成员执行创业计划、顺利开展各项工作，必须预先在团队内部进行职权的划分。创业团队的职权划分，就是根据执行创业计划的需要，具体确定每个团队成员所要担负的职责以及相应所享有的权限。团队成员间职权的划分必须明确，既要避免职权的重叠和交叉，也要避免无人承担而造成工作上的疏漏。此外，由于还处于创业过程中，面临的创业环境又是动态复杂的，会不断出现新的问题，团队成员可能会不断出现更换，因此，创业团队成员的职权也应根据需要不断地进行调整。

（五）构建创业团队制度体系

创业团队制度体系体现了创业团队对成员的控制和激励能力，主要包括团队的各种约束制度和各种激励制度。一方面，创业团队通过各种约束制度（主要包括纪律条例、组织条例、财务条例、保密条例等），指导其成员避免做出不利于团队发展的行为，对其行为进行有效的约束，保证团队的稳定秩序。另一方面，创业团队要实现高效运作，需要有效的激励机制（主要包括利益分配方案、奖惩制度、考核标准、激励措施等），使团队成员看到随着创业目标的实现，其自身利益将会得到怎样的改变，从而达到充分调动成员的积极性、最大限度发挥团队成员作用的目的。要实现有效的激励，首先必须把成员的收益模式界定清楚，尤其是关于股权、奖惩等与团队成员利益密切相关的事宜。需要注意的是，创业团队的制度体系应以规范化的书面形式确定下来，以免出现混乱的局面。

（六）团队的调整融合

完美组合的创业团队并非创业一开始就能建立起来，很多时候是在企业创立一定时间以后随着企业的发展逐步形成的。随着团队的运作，团队组建时在人员匹配、制度设计、职权划分等方面的不合理之处会逐渐暴露出来，这时就需要对团队进行调整融合。由于问题的暴露需要一个过程，因此团队调整融合也应是一个动态持续的过程。

项目拓展训练

1 小组讨论

通过观看视频、阅读书籍或亲身走访，考察三个创业团队，分析一下他们说面临矛盾或者冲突的解决办法。请大家讨论，如果你的创业团队遇到矛盾时该怎么解决？

2 仿真实训

以对手机进行创新性设计项目为例，尝试组建自己的创业团队。

3 创新演讲台

观看或阅读马云、牛根生、王潮歌、马化腾、任正非等企业家的创业故事，感受他们的创业精神，请选定1～2种创业精神演讲给大家。

项目五

打开创业之门

创业者在企业成长的各个阶段都会努力争取用尽量少的资源来推进企业的发展，他们需要的不是拥有资源，而是要控制这些资源。

——霍华德 · H. 史蒂文森

学习指南

在国家积极鼓励和支持“大众创业、万众创新”的背景下，中国新一代青年学生，正依靠自己的创造力走进“双创”的“黄金时代”。同时，互联网时代也给了很多草根创业者以更为广阔的创业机会和崭新的创业领域。青年学生在校期间就应该注意积累有关创业的知识和技能，当机会来临时，才能够敏锐地察觉并把握创业机会，打开创业的大门，实现自己的创业梦想。

相信通过本项目的学习，你可以达到以下目标：

1. 了解如何选择和评估创业机会，怎样才能在生活中寻找创业机会；

2. 能够选择适合中职生创业的创业项目和创业形式；

3. 了解什么是创业资源，能分析主要创业资源的获取途径，掌握整合创业资源的过程与方法；

4. 提高创业风险防范意识；

5. 了解国家、省、市针对大中专学生创业的优惠政策。

任务一　寻找创业机会

子任务一　认识和评估创业机会

◎ 任务描述

学习如何寻找身边的创业机会并对其做简单分析。

◎ 活动步骤

第一步，利用课余时间，去观察你所在社区、学校附近的店铺、摊点或企业，仔细观察、认真分析，他们提供的产品或服务有哪些缺陷和不足？

第二步，想一想，你能比他们更快、更可靠、更便宜、更优质地提供产品或服务吗？并完成表5-1。

表5-1　　我看到的创业机会

观察其他企业产品或服务存在的问题	你的想法

第三步，以小组为单位交流讨论各自的想法，并互相点评，找出最可行的创业机会，在班级发言交流。

案例导读

女研究生摆摊卖烤脑花

2016年，洛阳一家美食机构举办洛阳最好吃的美食评选，经过众多吃货投票，“霸道烤脑花”成为洛阳“最好吃的50家美食”之一。这家店的老板便是焦昱纬。

焦昱纬，女，1990年出生。2008年，焦昱纬考入重庆工商大学，2012年毕业，她又考上本校的研究生。7年的重庆生活，让她习惯了麻辣味道。烤脑花是她的最爱，每隔两三天就要吃一次烤脑花。

2014年5月末，学校课程结束，焦昱纬回到洛阳找工作，不过并不顺利。焦昱纬说，那时候找不到工作心里烦躁，就想吃一口烤脑花来消愁，但是她走遍洛阳也没有发现一家烤脑花。

她告诉记者，在洛阳找脑花店的过程称得上是由怒到喜，"开始在洛阳找了半个小时没发现一家，觉得很不爽，可是当把洛阳找遍还没发现一家时，我的心情却变得好起来——这是一个很好的商机。"于是，她产生了在洛阳开烤脑花店的想法。

半月后，她又回到重庆，想找一家烧烤店的老板拜师学艺，不过却吃了闭门羹。"烧烤店老板告诉我烤脑花的技术属于商业机密，不外传。"焦昱纬说。

拜师不成，只有靠自己去摸索。于是焦昱纬每天都去点一份烤脑花，偷偷观察烤脑花的流程。焦昱纬说："脑花烤之前包在锡箔纸里，看不到里面，我就借口看脑花是否新鲜，打开看里面有什么配料。"观察了半月后，焦昱纬回到洛阳开始做烤脑花，不过烤出来的脑花总有一股腥味。"开始以为是脑花不新鲜，后来换了几次还是有腥味，最后问了一位厨师才知道，脑花在烤之前要将上面的血丝剔掉，否则就会有腥味。"解决了这一难题，烤脑花的味道变得正宗起来，于是摆摊卖烤脑花就提上日程了。

焦昱纬将目光放在洛阳市涧西区牡丹广场旁的酒吧一条街，因为那里晚上有很多年轻人去消费，而且年轻人爱尝鲜，比较容易接受麻辣味道的烤脑花。

为了节省资金，焦昱纬不停地找可以让她免费摆摊的酒吧。焦昱纬回忆说："我告诉他们如果让我在酒吧外摆摊，我的烤脑花一定可以为酒吧带来更多客人。"

最终，她找到了一家酒吧。焦昱纬说："现在，我平时每天卖50份烤脑花，节假日会卖60份，一份卖15元，一天的营业额在800元左右。"

"摆摊卖烤脑花虽然看似与读书多少无关，但是书多读一些还是有好处。"焦昱纬说广告营销和经营息息相关，以后还会考虑开连锁店。

思考与讨论：

1. 焦昱纬是怎么发现创业机会的？

2. 焦昱纬选择在哪里摆摊？为什么？

3. 你有过创业想法吗？有的话说一说。

相关知识

创业是建立在机会基础之上的。我们正处在一个充满机会的时代，机会对于所有的创业者都是均等的。但不同的是，面对机会，有的人会抓住不放，创出一番事业；有的却无动于衷，错失良机，最终一事无成。因此，创业者在创业之前应该学会怎样去识别、开发和选择利用创业机会。

一、认识创业机会

（一）什么是创业机会

创业机会，是指具有较强吸引力的、较为持久的有利于创业的商业机会，创业者据此可以为客户提供有价值的产品或服务，并同时使创业者自身获益。

创业机会具有隐蔽性、偶然性、易逝性和时代性等特点，这些特点决定了创业者需要积极主动地去识别和把握创业机会，发现和挖掘机会并进行创业。

创新小故事

赵令之和他的养猪场

寿光市有一家规模比较大的养猪场，养猪场的老板是赵令之先生。

赵先生曾是一名货车司机，走南闯北，亲身感受到了改革开放后中国的巨变，人们的生活水平日益提高，饭桌上鱼肉蛋的需求也越来越大。他发现老家及临近村庄没有养猪场，但猪肉的需求量却很大，所以市场前景好。于是赵令之毅然辞职，回老家办起了养猪场。虽然小时家里养过猪，但只是一两头，这是第一次大规模的办养猪场，赵先生心里没有底。父亲看出儿子的心事，提出和赵先生一起养猪，赵先生的父亲曾在生产队养过多年的猪，在猪的育种，饲养、防疫等方面有丰富的经验，父亲把这些经验都传授给了赵先生。此外，养一头猪政府补贴20元钱。就这样，赵先生1996年第一批猪出栏就卖出了好价钱，此后，每年都有2000头猪出栏，收益相当可观。

看到赵先生通过养猪富裕起来，临近村的人也办起了养猪场，每每有人来请教养猪经验，赵先生总会耐心讲解。

2018年8月，连日的暴雨让寿光弥河下游两岸受灾严重，有些养猪场的猪被淹或被水冲走。赵先生不仅拿出自己的积蓄救助受灾区群众，还带领他的员工赶赴灾区做义工，帮助受灾养殖户。

（二）创业机会的主要来源

创业机会无处不有、无时不在，我们可以从四个方面去寻找创业机会：

1. 市场需求。创业的根本是满足顾客需求，而顾客需求在没有满足前就是创业机会。寻找创业机会的重要途径是善于去发现和体会自己或他人在需求方面的问题或生活中的难处。如果能将问题或难处解决，就产生了创业机会。

2. 社会变化。创业机会大都产生于不断变化的市场环境，这种变化将带来产业结构的变动、消费结构的升级、城市化的加速、人们思想观念的变化、政府的改革、人口结构的变化、居民收入水平的提高、全球化趋势的改变等。创业者透过这些变化，就有可能发现新的“钱”景。

3. 技术突破。技术突破会提供新产品、新服务，能更好地满足顾客需求，或激发出潜在的市场，这就带来了创业机会。比如，随着电脑的出现，电脑维修、软件开发、电脑培训、图文制作、信息服务、网上开店等创业机会随之而来。

4. 竞争对手。研究竞争对手，从中寻找其产品或服务的弱点。如果你能弥补竞争对手的缺陷和不足，这也将成为创业机会。

二、评估创业机会

创新金言

如果一个方案有90%的人说“好”的话，我一定要把它扔到垃圾桶里去。因为这么多人说好的方案，必然有很多人在做了，机会肯定不会是我们的了。

——马云

（一）有价值创业机会的特征

机会评价是创业过程中仔细审查创业机会并分析其可行性的阶段。有价值的创业机会具有四个主要特征：

1. 它能吸引顾客。有价值的创业机会能满足真实的市场需求。

2. 它能在商业环境中行得通。有价值的创业机会能让创业者在承担风险和投入资源之后，不仅能收回投资，而且能创造更高的价值。

3. 它必须在机会之窗存在期间被实施。

4. 必须有必要的资源（人、财、物、信息、时间和技能）。

什么是机会之窗

（二）创业机会的评估标准

对于创业机会的评估，主要基于如下标准：

1. 盈利时间。有价值的创业机会最好是项目在两年内就能盈亏平衡或取得利润。一旦超过三年，大多数创业者、其他的投资者和合作伙伴会失去耐心，创业机会的吸引力也就会大大降低。

2. 市场规模和结构。如果市场规模和市场价值小，往往是不足以支撑企业长期发展的。创业者若进入一个市场规模巨大而且还在不断发展的市场，即使只占有很小的一个份额，也能够生存下去并度过发展期。一般说来，市场规模和价值越大，创业机会越有价值。

3. 资金需要量。有着较少或中等程度的资金需要量的创业机会是比较有价值的。创业者需要根据自身的资金实力和可以启动的资源来评价创业机会，超出承受能力范围的不应考虑。

4. 投资收益。创业的目标就是要获得收益。这要求创业机会能够有合理的盈利能力，包括较高的毛利率和市场增长率。毛利率高说明创业项目的获利能力强，市场增长率表明了市场的发展潜力，使得投资的回报增加。

5. 成本结构。竞争优势的来源之一就是成本，较低的成本会给创业企业带来较大的竞争优势。创业企业靠规模来达到低成本是比较可行的，低成本的优势大多来自技术和工艺的改进以及管理的优化，创业机会如果有这方面的特质，对于创业者来说是非常有利的。

6. 准入退出机制。如果创业机会面临着进入市场的障碍，那么就不是一个好的创业机会。比如，存在资源的限制、政策的限制、市场的准入控制等，都可能成为进入市场的障碍，削弱了创业机会。同时，有吸引力的创业机会还应该有比较理想的获利和退出机制，便于创业者和投资者获取资金及实现收益。

7. 控制程度。如果能够对渠道、成本或价格有较强的控制力，这样的创业机会就比较有价值。若市场上不存在强有力的竞争对手，控制的程度会比较大。如果竞争对手已经有较强的控制能力，例如，把握了原材料来源、独占了销售渠道、取得了较大市场份额、对于价格有较大的决定权，在这种情况下，新创企业的发展空间就会较小。

蒂蒙斯创业机会评价体系

8. 致命缺陷。创业机会不应该有致命的缺陷。

子任务二　选择创业项目和创业形式

◎ **任务描述**

在网络、报纸、杂志和电视的产品广告和关于消费需求、市场变化的报道中，寻找并构思创业想法。

◎ **活动步骤**

第一步，学生以小组为单位，搜集、分析各种媒体的产品广告和关于消费需求、市场变化的报道并进行讨论；

第二步，每人构思一个创业想法并进行组内交流，说明自己的项目构思并做SWOT分析，小组其他成员可提出质疑、指出存在的问题；

第三步，每个小组推选代表进行班级交流。

案例导读

宋先生的创业之路

淄博的宋先生出生于一个贫困农民家庭，父亲因车祸断了腿，哥哥有智力障碍。高中毕业后他就和母亲扛起了家庭的重担。

因为高中时物理课成绩优异，宋先生就想开一家电器维修店。考察市场后，他发现当地电器维修市场已经饱和。因父亲出车祸前是木器厂的木工师傅，于是宋先生到当地的木器厂学木工，在师傅的帮助下，再加上自己心灵手巧，半年就出徒，后来又去学了半年的漆工。1984年在国家好政策的支持下，乡镇企业异军突起。宋先生发现富裕起来的人们开始买家具装饰自己的家，家具市场前景好。于是，宋先生在村里开了第一家家具厂，生产办公桌椅、写字台、茶几、衣橱等。因为质量过硬、款式新颖，深受顾客的喜爱，订单不断。1989年，宋先生成为村里的首富。如今，小作坊早已成为当地较有名气的民营企业。宋先生不仅自己过上了富裕的日子，还带领村民一起致富。宋先生回想自己走过的路：很累、很难，但充实、满足。

思考与讨论：

1. 宋先生选择的创业项目有哪些优势？
2. 宋先生的创业之路对你有什么启发？

相关知识

所有的创业行为都要落实到一个个具体的创业项目之上。创业项目是创业的切入点，创业项目选择的正确与否直接关系到创业的兴衰成败，在找寻项目时要舍得花工夫。那么，青年学生应该如何选择创业项目呢？

一、选择创业项目

（一）创业项目选择策略

1. 从收益快的项目做起

让创业投资尽快产生效益，是所有创业者共同的追求，但也不能急于求成，成效的快慢要依创业项目而论。一般来说，可重点把握以下几个方面：

小型项目比大型项目好。小型项目投资较少，很快形成生产能力，运行周期较短，即使整个行业出现风险，损失也不会很大。

轻工业项目优于重工业项目。轻工业产品从设计到生产需要的时间较短，投资风险较小，短时间内效果显著。

餐饮行业和食品行业优于一般用品。餐饮行业是刚性需求行业，是大众群体都必需的产业。

做女性需求品比男性需求品好。在现代社会中，女性的社会地位不断提高，消费权益也相应提高。她们在家庭中拥有更多的消费决策权，家庭日用品的购买行为常常由女性完成，女性消费品为创业者提供了更多的行业机遇。

小孩比大人更容易形成新的市场消费热点。

2. 从小规模、求小利做起

经济领域有一条普遍规律——风险与收益成正比。风险大收益也大，风险小收益也小。对于已经有了一定经济基础、有能力发展或扩大更多业务的公司，有时大胆冒险去开拓公司的发展空间、扩大盈利层面是值得的。然而，对于刚刚涉足创业门槛的学生创业者来说，没有足够的经济基础，也没有投资经验，应该避免参与风险大的投资，将为数不多的资金投于规模较小、风险较小的事业中去，而后依靠滚动发展再赚大钱。

3. 借助学校品牌的项目

学校周边学生较多，并且都是消费者，在学校周围从事与学生有关的产品也是不错的投资项目。如各类升学考试等培训项目，外卖、服装等生活服务项目。

（二）创业项目选择步骤

创业项目的选择不可随随便便，必须要经过一个充分的论证过程。在这个过程中，要舍得花时间、花力气，要能够静下心，认真调查研究，寻找事实根据。图5-1展示了创业项目选择的步骤：

第一步：寻找创业项目

要学会寻找创业项目的来源，可以通过广告、报纸、杂志、网络等途径寻找，也可从生活中寻找。

⇩

第二步：鉴定项目竞争力以及是否适合创业者

要鉴定、判断创业项目是否符合国家政策和本地区发展业态、是否有很好的市场需求、是否是创业者喜欢并打算投入做的项目，创业者能否解决该项目的硬件设置——场地、设备、人员、资金等，创业者对该项目的软件——经营管理、财务运行、销售计划、公共关系、法律关系等是否清晰。

⇩

第三步：综合剖析，找出细节和需要解决的问题

要做好项目投资预算、项目产生利润预算、项目投入资金流转情况预算、项目直接成本预算、项目间接成本预算、预备资金和不可预知费用的设置等。

图5-1　创业项目选择的步骤

（三）创业项目的SWOT分析

要判断创业项目是否可行，可以用SWOT分析法进行验证。

什么是SWOT分析法

SWOT是Strength（优势）、Weakness（劣势）、Opportunity（机会）、Threat（威胁）四个英文单词的缩写。SWOT分析法是将这四个方面结合起来进行分析，以寻找制定适合组织实际情况的经营战略和策略的方法。

其中，优势和劣势是分析存在于企业内部的、你可以通过努力改变的因素，机会和威胁是分析你需要了解的、存在于企业外部的你无法施加影响的因素。通过分析，创业者可以客观评价自身资源和市场机会的相关因素。

完成SWOT分析矩阵后，可将排列与考虑的各种因素相互匹配组合，制订出创业前期可供选择的行动计划或行动方案，以提高创业的成功率。制定策略的基本思路是：发挥优势因素，克服劣势因素，利用机会因素，化解威胁因素。

表5-2　　SWOT分析矩阵

优势	机会
优势是指企业的长处。比如，你的产品比竞争对手质优价廉，你的服务比竞争对手全面周到，企业选址位置优越，员工素质高……	机会是指周边地区存在的对企业有利的事情。比如，你想生产的产品越来越被大众接受和欢迎，附近没有与你的产品和服务类似的企业在经营，新的城市规划可能会使你的商店处于交通枢纽位置……
劣势	威胁
劣势是指企业的弱点。比如，资金不足导致无法进行有力的广告宣传，缺乏核心技术，团队构成未做到优势互补……	威胁是指周边地区存在的对企业不利的事情。比如，你的产品或服务有强大的竞争对手，原材料紧缺导致你的成本上涨，新产品或服务正在涌现，顾客日渐减少……

二、选择创业形式

提起创业形式，人们想到最多的是开店、办公司……但随着时代的发展，创业形式也在不断发生变化。特别是随着IT行业的崛起，创业形式层出不穷，出现了网络创业、加盟创业、团队创业等多种创业形式。

创新金言

今天企业之间的竞争，已经不是产品和服务之间的竞争，而是商业模式之间的竞争。

——彼得·德鲁克

选择合适的创业形式，会对今后创业之路的打通起到“事半功倍”的效果。在选择自己的创业形式时，非常重要的一点是对自身以及环境条件做客观的衡量，认清自己能做什么，投入到哪个环节会取得更大的收益，而不是盲目地去模仿和追随别人成功的模式。

根据近几年青年学生创业成功者的经验，适合学生的5种创业新形式为：网络创业、加盟创业、团队创业、概念创业、大赛创业。

（一）网络创业

目前，网络创业主要有网上开店和网上加盟两种形式。网上开店，即在网上注册成立网络商店；网上加盟，即以某个电子商务网站门店的形式经营，利用母体网站的货源和销售渠道。

优势：门槛低、成本少、风险小、方式灵活，特别适合初涉商海的创业者。如淘宝、京东等知名商务网站，有较完善的交易系统、交易规则、支付方式和成熟的客户群，每年还会投入大量的宣传费用。

对于初次尝试网上创业的人来说，事先要进行多方调研，选择既适合自己的产品特点又具较高访问量的电子商务平台。一般来说，网上加盟的方式更为适合，能在投入较少的情况下开业，边熟悉游戏规则，边依托成熟的电子商务平台发展壮大。

创新小故事

电商传奇——北琪

北琪2005年进入互联网行业，2009年始做电商，拍拍网家电TOP卖家，第一批官方认证商家。2011年转战淘宝和天猫，2012年用全新的淘宝店完成千万业绩，并在此类目保持了三年的领先地位。2014年天猫仅用两个月就打造了月销万件的爆款，且成功帮助身边电商企业打造了无数千万级销售额店铺。北琪还是“喜糖”住宅家电品牌创始人，佛山市珠海电子商务有限公司CEO，中国电商精英会广东分会副会长。

淘宝网店怎么开

（二）加盟创业

分享品牌近况、分享经营诀窍、分享资源支持，连锁加盟凭借诸多优势成为极受青睐的创业新形式。目前，连锁加盟有直营、委托加盟、特许加盟等形式，投资金额根据商品种类、店铺要求、技术设备的不同从6000元至250万元不等，可满足不同需求的创业者。

优势：加盟创业的最大特点是利益共享、风险共担。创业者只需支付一定的加盟费，就能借用加盟商的金字招牌，并利用现成的商品和市场资源，还能长期得到专业指导和配套服务，创业风险也有所降低。

但随着连锁加盟市场规模的不断扩大，鱼龙混杂现象日趋严重，一些不法者利用加盟圈钱的事件屡有曝光。因此，创业者在选择加盟项目时要有理性的心态，事先进行充足的准备，包括收集资料、实地考察、分析市场等，并结合自身实际情况再做决定。

（三）团队创业

如今，创业已非纯粹追求个人英雄主义的行为，团队创业成功的概率要远高于个人独自创业。一个由研发、技术、市场、融资等各方面组成、优势互补的创业团队，是创业成功的法宝，对高科技创业企业来说，更是如此。

优势：俗话说，众人拾柴火焰高。一群人同心协力、集合各自的优势共同创业，其产生的群体智慧和能量将远远大于个体。

创建团队时，最需要考虑的是成员之间在知识、资源、能力和技术上的互补，充分发挥个人的知识和经验优势，这种互补将有助于强化团队成员间彼此的合作。一般来说，团队成员的知识、能力结构越合理，团队创业的成功率就越大。

创新小故事

没有完美的个人，只有完美的团队

某中职毕业生罗汉明和同学开办了一家环保产品公司。他们拥有一种节能产品的完全自主产权，在所做的营销网站上一炮打响，每天问价、要求订货的客户源源不断。让人困惑的是，好几次，外地来公司订货的客户考察了公司、看过产品之后，都表示满意，但签约时总有些不放心。后来，小罗和一个客户深谈后才得知，他们看到公司全都是二十几岁的小年轻儿，怕有闪失。小罗灵机一动，招聘来一名懂技术会营销的退休工程师“坐镇”，销售形势大好。团队创业，就是要优势互补。

（四）概念创业

概念创业，顾名思义就是凭借创意、点子、想法创业。当然，这些创业概念必须标新立异，至少在打算进入的行业或领域是个创举。只有这样，才能抢占市场先机，吸引风险投资商的眼球。同时，这些想法还必须具有可操作性，而非天方夜谭。

其优势在于，概念创业具有点石成金的神奇作用，特别是本身没有很多资源的创业者，可通过独特的创意来获得各种资源。

不过，创业需要创意，但创意不等同于创业，创业还需要在创意的基础上，融合技术、资金、人才、市场经验、管理经验等各种因素。如果仅凭点子贸然行动，基本上是行不通的。

（五）大赛创业

大赛创业（创业孵化器），就是利用各种商业创业大赛为获得资金提供平台。大学生的创业计划竞赛已成为新技术的源泉，而且成立了世界大学生创业联盟，举办全球大学生创业大赛（The Global Student Entrepreneur Awards）。我国首届大学生创业计划大赛是由清华大学于1998年创办的。后来，共青团中央、全国学联和中国科协联合发起举办了“挑战杯”中国大学生创业计划大赛，之后每两年举办一次。

大学生创业计划竞赛是美国经济发展的驱动力。像Yahoo、Netscape、Excite等企业都是从商业竞赛中脱颖而出的。国内也有不少知名企业是大赛创业的受益者。

大赛创业的优势有很多。例如：投入小，投入资金具备一定的可靠性；拥有独立的知识产权；创新性强，技术具备一定的先进性；创业空间大，可灵活满足不同规模的企业需求；可以享受政府出台的一些优惠和扶持政策等。

创新小故事

“扫位”APP

上海物态智能科技有限公司开发的“扫位”APP，在全国行业赛总决赛上获移动互联网企业组第三名后，就得到了九州建元的数百万元投资。2014年4月，“扫位”APP正式上线，用户可以通过它了解附近饭店的空位情况，随后在线付费，把位子“抢”下来。公司创始人龚飞悦告诉记者，引入投资人担任评委，除了有利于参赛项目融资，还有一大好处，“他们在评审项目时，会提出许多刁钻的问题，逼我们思考解决办法，这对企业成长很有利”。

任务二　整合创业资源

子任务一　认识和获取创业资源

◎ 任务描述

基于找到的创业项目和组建的创业团队，挑战“白手起家”活动。假设现在团队有100元启动资金，看能创造多少利润？

◎ 活动步骤

第一步，团队成员讨论并设计出行动方案。请注意：这100元是团队的唯一种子资金，此资金不能从事非法活动（包括赌博），不能参与抽奖活动（包括买彩票）；在活动期间，不能筹集其他资金。团队所列方案要尽可能详细、具体，并估算出可能赚取的利润额。

第二步，课堂展示团队的方案并描述自己的团队产生“创意”的过程，同时阐明100元种子资金所发挥的作用。

第三步，评选出估算利润额最高的团队和方案以及最有创造力的团队。

第四步，如有可能，利用一周的课外时间行动起来，实施自己团队的行动方案。一周后，再来看一看哪个团队赚得了最多的利润。

第五步，各团队分享在这次活动中最令自己感到意外的环节或因素是什么？是否顺利实施了计划？成功或失败的因素有哪些？

第六步，课堂讨论：有没有真正意义上的“白手起家”？

案例导读

新版龟兔赛跑

老版本龟兔赛跑故给我们的启示是：缓慢且坚持的人就会赢得比赛。故事继续下去呢？兔子因输了比赛而倍感失望，为此它做了原因分析。它很清楚，失败是因为它太自信，它大意了，而且散漫。如果它不认为一切都是理所当然的，那乌龟是不可能赢它的。因此，它决定和乌龟再来一场比赛，而乌龟也同意。这次，兔子全力以赴，从头到尾，一口气跑完，领先乌龟好几公里。这次比赛对你有什么启示？

这下轮到乌龟检讨自己了，它很清楚照目前的比赛方法，它不可能赢兔子。它想了想，然后约兔子再来另一场比赛，但路线不同。兔子同意，然后二者同时出发。兔子为了能赢，飞驰而出，一路奔跑，直到碰到一条宽阔的河流。而比赛的终点就在几公里外的河对面。兔子呆坐在那里，不知怎么办。这时候，乌龟一路慢慢而来，跳入河里，游到对岸，继续爬行，完成比赛。这次比赛对你有什么启发？

故事还没有结束。这下子，兔子和乌龟成了惺惺相惜的好朋友。他们一起检讨，两个都很清楚，在上一次比赛中，他们可以表现得更好。所以，他们决定再赛一场，比赛开始，兔子扛着乌龟，直到河边。在河边，乌龟接手，驮着兔子过河。到了河对岸，兔子再次扛起乌龟，两个一起抵达终点。这次比赛对你有什么启示？

思考与讨论，并填写表5-3：

表5-3

	第一轮	第二轮	第三轮	第四轮
结果	乌龟赢	兔子赢	乌龟赢	双赢
原因				

相关知识

俗话说，“巧妇难为无米之炊”。创业绝不是引“无源之水”，栽“无本之木”。没有资源，创业者只能望“（商）机”兴叹。创业资源的获取与整合伴随着整个创业过程，创业者需要有效识别各种创业资源，并且积极借助企业内外部力量对创业资源进行获取和整合，打造企业的核心竞争力，促进创业。

一、认识创业资源

（一）什么是创业资源

创业资源，是指企业在创立及成长过程中需要的各种生产要素和支撑条件，包括有形资源和无形资源，主要表现为创业人才、创业资本、创业机会、创业技术和创业管理等方面。简单地说，创业资源就是创业者需要具备的一些创业条件。

创业资源是新创企业创立和运营的必要条件，因为每一个人开始创业，都必然有其可以凭借的条件，也就是其拥有的资源，没有真正意义上的“白手起家”。创业过程实际上就是创业者建立、整合和拓展资源的过程。若获取不到创业所需的资源，创业机会对创业者而言就失去意义。

（二）创业资源的分类

创业资源根据其性质，可分为政策资源、信息资源、资金资源、人力资源、管理资源和技术资源、文化资源等七种不同类型，其内容和作用可见表5-4：

表5-4　主要创业资源及作用

资源名称	资源内容	资源作用
政策资源	资金扶持、减免税收、财政补贴、社会保障等	帮助创业者正确选择创业方向，获得国家和地方政府的相应资金扶持，获取相应的税收优惠，降低创业初期的经营成本

（续表）

资源名称	资源内容	资源作用
信息资源	市场信息、项目信息、资金信息、政策法规等	帮助创业者把握所处行业的发展趋势，检测创业企业的经营状况，了解目标客户需求，发现未来的机会
资金资源	资金、资产、股票等	为企业进行产品研发、采购、生产和销售提供支撑，充足的资金资源有助于加速新创业公司的发展
人力资源	创业者与创业团队的知识、经验、智慧、判断力、视野、愿景、人际关系网络等	高素质人才的获取和研发，是现代企业可持续发展的关键
管理资源	企业的战略规划、员工开发、评价和薪酬系统等	完整而高效的管理制度是助力新创业企业的宝贵资源
技术资源	关键技术、制造流程、作业系统、专用生产设备等	积极引进寻找有商业价值的科技成果，加强和高校及科研院所的产学研合作，将有助于加快产品研发速度，为企业在市场上的竞争提供有力的支持
文化资源	社会结构、社会风俗和习惯、信仰和价值观念、行为规范、生活方式、文化传统、人口规模和地理分布等因素的形成和变动等因素的形成和变动	对创业企业的投资方向、产品改进与革新等重大决策产生影响

二、获取创业资源

创业资源多种多样，对于青年学生而言，获取创业资源的主要途径有：

（一）获取技术资源的途径

目前学生创业者的技术意识还不够强，拥有的核心实用技术少，创业项目偏向于商务服务类。然而，真正成功的创业者，大多会在两个方面下功夫：一是拥有核心技术，二是拥有一流团队。因此，技术资源是创业初期最为关键的创业资源之一。美国的微软公司和苹果公司，最初的创业资本都不过几千美元，创业人员也只有几人。它们之所以走向成功，就是因为它们拥有独特的创业技术。

那么，如何获得技术资源呢？（1）吸引技术持有者加入创业团队；（2）购买他人的成熟技术，并进行技术市场寿命分析；（3）购买他人的前景型技术，再通过后续的完善开发，使之达到商业化要求；（4）同时购买技术和技术持有者；（5）自己研发。

我们还应该随时关注各高校实验室、老师或者学生的研发成果，定期去国家专利局网站查阅各种专利的申请，养成及时关注科技信息、浏览各种科技报道，留意科技成果，从中发现具有巨大商机的技术的习惯。

（二）获取人力资源的途径

创业者及其团队的洞察力、知识、能力、经验及社会关系等人力资源影响到创业的整个过程。创业前可在读书期间做一些校园创业实践活动，这个过程既能赚些钱，又能增长关于市场的知识，还可以锻炼组织能力——因为往往要组织创业小团队。也可以考虑进入一个企业为别人工作，通过工作的经历学习行业知识、建立客户资源渠道，了解企业运作的经验，学习开拓市场的方法，认识赢利模式。概括起来，获取人力资源的途径有：（1）打工；（2）参加校园创业实践；（3）参加各类学生创新创业大赛；（4）拜访优秀创业者；（5）与优秀的人共事。

（三）获取财务资源的途径

创业资金是企业运营的血液，没有资金，创业企业及创业管理团队就无法生存。创业过程的每一个环节、每一个阶段都需要足够的资金支持。对于资金的获取，一般可通过以下几种途径：（1）个人存款；（2）依靠亲朋好友筹集资金，双方形成债权债务关系；（3）抵押、银行贷款或企业贷款；（4）争取政府某个计划的资金支持；（5）所有权融资，包括吸引新的拥有资金的创业同盟者加入创业团队，吸引现有企业以股东身份向新企业投资、参与创业活动，以及吸引企业孵化器或创业投资者的股权资金投入等；（6）做一个详尽可行的创业计划，以吸引一些学生创业基金甚至风险投资基金的目光。

（四）获取政策、信息、市场、文化等资源的途径

信息时代，社会上存在着无数的创业政策、信息、市场、文化等资源。创业者可以根据自己的实际需要，尽可能多地获取有效信息并加以选择，努力了解分析包括竞争对手、政府、行业、合作伙伴、客户等在内的周边环境的变化信息。一般而言，我们可以通过以下途径获取相关资源：（1）电视、报纸、广播、互联网等各种新闻媒体；（2）市场调研；（3）政府机构网站；（4）图书馆、阅览室；（5）大学研究机构；（6）专业信息机构等。

子任务二　整合创业资源

◎ 任务描述

学习如何突破资源限制进行创业。

◎ 活动步骤

第一步，以身边的普通矿泉水瓶、购物袋、旧报纸等常见物品为例，分析它们除了

最常见的用途外，还有哪些用途？想得越多越好，想法越奇特越好。

第二步，小组讨论交流，分析比较谁的想法最多、谁的思路最奇特、谁的创意最可行。

第三步，教师引导分析——矿泉水瓶等物品可以代表大家身边的资源。原来那些我们身边习以为常的事物，如果换个思路和视角，将会发现其意想不到的价值和功用。创业过程也是如此，在创业中更需要突破资源限制，学会进行资源的获取与整合。

案例导读

两家企业的巧妙合作

在哈尔滨做水上运输、水上旅游生意的付总，一直以来有一个困扰：东北的一年中几乎有半年是冬季，河水结冰，水上生意根本没法做。但是，公司的很多工作人员，尤其是船上的技术人员又必须继续发工资雇佣，因为一旦流失了这些技术人员，来年再找人就非常难。如何解决这个问题？他深思熟虑后找到经营滑雪场的王总，提出两家企业进行淡旺季整合。

付总的企业业务主要集中在一年中的无冰季节，这个季节旅游和水上运输生意好，但是人员紧缺。此时付总整合滑雪场的闲置人员，由付总的公司开工资，员工在紧张充实的工作中，既能得到更多的酬劳，又能全心全意地投入工作。到了结冰期，付总公司的工作人员闲了下来，又可以被急缺人手的王总聘用过去，同样付总也不需要支付人员工资。这样，两家公司的人员都做到了全年无闲置，全年都有全额工资。如果两家公司长期合作的话，各自公司的人员也熟悉了对方公司的业务流程和技能，对双方的业务开展也会更加有利。经过资源整合，双方都解决了各自在淡季时人员的薪酬支付问题，工作人员的流失率大大降低，企业的经济效益增长明显。

思考与讨论：

1. 付总是如何解决工作人员流失的问题的？

2. 如果你是付总，你还会想到哪些可以利用或者整合的资源，以用于本企业的发展？

相关知识

资源整合，简单地讲就是资源互补交换，从别人手里得到我们所欠缺和需要的资源，作为交换，我们要将自己手上能为对方所用的资源进行共享，这样双方都能借此互补来更快更好地完成自己的项目，从而达到双赢的局面。

一、为什么要整合创业资源

很多创业者在初次创业的时候，经常会遇到创业资源短缺问题的困扰，解决这些问题的最好的方式就是资源整合。其实大量例证已经表明，许多成功企业家在创业之初可支配的资源同样几乎是微不足道的。例如，1946年井深大与和盛田昭夫创立东京通信工业公司（索尼公司前身）时，初创资本仅为500美元；惠普公司的创始人休立特和帕卡德创业之初身无分文，是用所借的538美元租用车库创立惠普公司的；苹果电脑公司是沃茨尼亚克和乔布斯于1976年在自家的车库创立的；中国刘氏家族创办的希望集团仅以1000元起家，现已发展成为中国最大的民营企业之一；香港上市公司金利来的创始人曾宪梓创业之初仅有6000港元的资本。实际上，这些企业家在新创企业成长的各个阶段，都会做到用尽可能少的资源推进企业向前发展。因此，对他们而言，资源的所有权并不是关键，关键是对其他人的资源的控资及影响程度。

我们可以这样认为：创业者能否成功地开发出创业机会，进而推动创业活动向前发展，通常取决于他们掌握和能整合到的资源，以及对资源的利用能力。在现实生活中，优秀的创业者在创业过程中所展现出的卓越的创业技能之一，就是创造性地整合和管理资源。

创新小故事

鹿先生又回村当上了农民

鹿先生从园林所退休后，总想找点事做。清明节回老家祭祖，他看到老乡们依然种着3亩、5亩的地，种地的大多是老人，青壮年则大多外出打工。鹿先生突然产生了回老家创业的想法。鹿先生在家人的支持下，和几个好友合伙到老家以每亩1200元的价格租了1300亩土地，给村民则按每人一年1900元返利。

租到地后，鹿先生开始筹划，其中300亩专种玫瑰花；300亩培育流苏、紫叶李、木槿等经济苗木；300亩种猕猴桃；其余则种油菜、草莓等。几年下来，这个村庄建起了采摘园、旅游基地，还被评为本市“美丽乡村”。村里的青年人也不再外出打工，有的回家办起了农家乐，还有的到鹿先生那里打工。他们不仅收入增加了，还能照顾老人和孩子。

鹿先生回村当农民，不仅自己富裕起来，还带领村民一起走上了致富的道路。这也是当下国家鼓励土地流转、资源整合的一个典型案例。

二、创业资源整合的过程

创业资源的整合是一个复杂的动态过程，是创业企业对不同来源、不同层次、不同结构、不同内容的资源进行选择、汲取、配置、激活和有机整合的过程。这一动态过程包括资源识别、资源获取、资源利用和资源拓展四个相互影响、相互衔接的阶段。

（一）资源识别

创业者在新创企业成立之前，必须努力挖掘和反复评价自身现有的各种初始资源，包括各种有形资源和无形资源，如人才、技术、设备、品牌等。同时，要学会从中发现和识别哪些可以实现其创业目的，分析、评价自己的资源优势和不足，判断哪些资源属于战略性资源，哪些资源属于一般性资源，还要确定资源的数量、质量、使用时间和使用顺序。

在识别自身已有资源的同时，还要对外部资源进行识别和判断，及时发现企业所需的各种外部资源，分析所需要的创业资源可以从哪些渠道获得，并为各种资源渠道获得的难易程度进行排序；同时，要确定谁拥有这些资源，对资源所有者的利益需求进行深度分析，与自己所拥有的资源进行比较，找到利益契合点。

（二）资源获取

创业者要尽可能利用已有资源和能力去控制或获取那些尚无法得到的资源。获取资源的方式通常有两种：购买和并购。资源购买主要是通过市场行为购入所需的资源；资源并购是通过股权收购或资产收购，将企业外部资源内部化。对于大多数新创企业，其占有和控制的资源必定是有限的，因此还需要通过其他的方式来获取资源。例如，创业者可以通过完美的商业计划、个人的网络关系和良好的社会声誉等资源，与资源所有者之间建立联系，吸引潜在的合作者并获得资源。

（三）资源利用

创业者在识别和获取资源之后并不一定能保证企业的存活。创业者还需根据不同的创业理念，将资源的价值和潜能进行整合，转化为新企业所特有的资源并加以利用。企业资源在未整合前大多数是零碎、低效的，要发挥这些资源的最大使用价值，就必须运用科学方法对各类资源进行细化、配置和激活，让它们相互匹配、有机融合、互为补充、互相增强，形成“1＋1＞2”的局面，为企业的进一步发展奠定基础。

（四）资源拓展

创业者在创业过程中，还需要将以前没有建立起联系的资源相互联系，将新获取的资源和已有的资源进行链接融合，进一步开发潜在资源为企业所利用。这一过程又称为资源的再开发，即开拓资源的范围和功能，为今后资源的识别、获取、配置和利用奠定更为坚实的基础，这也是企业保持持续竞争优势的根源。

三、创业资源整合的方法

（一）善用资源整合技巧

要学会拼凑。成功的创业者往往会善于运用发现的眼光，洞悉身边各种资源的属性，利用一切资源进行创业活动。这些资源可能对他人是无用的，但是创业者可以通过自己独特的经验和技巧，将其加以拼凑、整合和利用。

要步步为营。创业者分多个阶段投入资源，并在每个阶段投入最有限的资源，这种做法就是步步为营。步步为营首先要设法降低资源的使用量，降低管理成本；其次表现为自力更生，减少对外部资源的依赖，降低经营风险。

创新小故事

张先生和他的天和宾馆

寿光市的张先生在售楼处工作，2015年房地产生意不好做，买房的人少，张先生的收入也降了下来。张先生知道做房地产生意的刘先生在距离寿光汽车站一公里处购买了一块地，迟迟没有动工。张先生想到这块地的位置：离汽车站近、离蔬菜批发市场近，而且它附近有一个大型商场……张先生想到了创业商机。

于是张先生联系以前找他买房的客户、有眼光的投资商，让他们趁房价便宜时买房。不是自家住，而是做宾馆，又分析了购房地段的优势条件：寿光作为蔬菜之乡全国有名，慕名而来的外地人越来越多，这些人来旅游、观光、学习大棚种菜经验……他们需要住房。听着张先生的讲解，人们纷纷投来赞许的目光。张先生又找到刘先生，建议他动工盖房，按照宾馆的图纸盖。

刘先生正愁没有资金，听了张先生的话茅塞顿开。按4300元/平方米出售，短时间内资金就到位了。2016年，这座名为“天和”的宾馆竣工。

张先生出任宾馆经理，除了每年按事先约定给各位买房者股息，其余的经营所得交税后都是自己的。

（二）发挥资源杠杆效应

尽管创业过程中存在资源约束，但创业者并不会被当前控制或支配的资源所限制。成功的创业者善于利用关键资源的杠杆效应，利用他人或者别的企业的资源来实现自己创业的目的，或者利用一种资源撬动和获得其他资源。

创新金言

一个创业者要具有发现价值和创造价值的能力，要具有在沙子里找到钻石的功夫。

——美国投资银行家　罗伯特·库恩

（三）设置合理利益机制

资源通常与利益相关，创业者之所以能够比较容易地从家庭成员那里获得支持，是因为家庭成员之间不仅是利益相关者，更是利益整体。既然资源与利益相关，创业者在整合资源时，就一定要设计好有助于资源整合的利益机制，尽可能多地找到利益相关者，借力发展。同时，分析清楚这些组织或个体和自己以及自己想做的事情的利益关系，利益关系越强、越直接，整合到资源的可能性就越大。

任务三　防范创业风险

子任务一　识别和防范创业风险

◎ 任务描述

通过课堂游戏“小蜜蜂”，了解机会与风险同在。

◎ 活动步骤

第一步，每位同学起身站立，侧向伸出双手，右手掌心向下，左手握拳并伸出大拇指向上；相邻的同学以左手拇指顶另一位学员的右手掌；

第二步，教师说“小蜜蜂”的时候，同学们回答“嗡嗡嗡”。教师的声音大，同学的声音就大；教师的声音小，同学的声音就小。当教师说“抓”的时候，请大家右手迅速抓手掌下其他同学的大拇指，左手快速躲开以免被抓；

第三步，重复活动。如抓住别人，会有奖励；被别人抓住，则受惩罚。看看同学们会做出怎样的策略调整；

第四步，反思并分享游戏心得。

案例导读

昙花一现的秦池酒厂

1995年，名不见经传的秦池酒厂以6666万元人民币夺得中央电视台“标王”。1996年再度以3.2亿元人民币的天价，蝉联标王。

二夺标王后的秦池，知名度如日中天，但知名度并不能决定消费者的购买行为。由于整个白酒市场的滑坡和来自政府、媒体等方方面面的诘问和非议，尤其是企业膨胀式发展带来的一系列管理问题、品质提升问题、品牌成长问题等，使雄心勃勃一心要实现“酒王”梦的秦池，一时非花非梦，身陷困境。

1997年年初，一则关于“秦池白酒是用川酒勾兑的”系列新闻报道，引起舆论界与消费者的极大关注。由于秦池没有采取及时的公关措施，过分依赖广告，造成市场销售形势恶化。

由于发展太快，秦池对代理商失去了控制能力，导致代理商私自提价，将低档酒以高价卖出，造成质价背离。秦池二度中标后，消费者认为3.2亿元的广告额将转嫁到他们身上，对秦池品牌产生了不信任感。针对这种消费心理，秦池也束手无策。

波动不定的市场份额，使秦池陷入了严重而难以自拔的经营风险之中。1996年，秦池完成的销售额不是预期的15亿元，而是6.5亿元，次年更是下滑到3亿元。到1998年，该厂已是欠税经营。秦池从此一蹶不振，最终从大众的视野中消失了。

思考与讨论：

1. 秦池酒厂初始成功的原因是什么？后来面临着什么样的风险？
2. 秦池酒厂为什么没能够成功化解这些风险？
3. 面对这些风险，你有怎样的建议？

相关知识

创业的机会和风险仿佛是一对双胞胎，形影相随，哪里有创业机会，哪里就有创业风险。创业机会越大，则创业风险也就越大。对于青年学生而言，虽然目前有利于创业的环境和机制得到不断完善，但创业过程和创业结果的不确定性，仍使创业面临着较大的风险。因此，要成功创业，就必须了解、识别和防范创业风险。

一、认识创业风险

（一）什么是创业风险

创业风险，是指在创业过程中由于创业环境的不确定性，创业机会与创业企业的复杂性，创业者、创业团队与创业投资者的能力与实力的有限性，而导致创业活动偏离预期目标的可能性及其后果。

据美国《财富》杂志报道，美国中小企业平均寿命不到7年，大企业平均寿命不足40年。而在中国，中小企业的平均寿命仅2.5年，集团企业的平均寿命仅7～8年。美国每年倒闭的企业约10万家，而中国有100万家，是美国的10倍。中国的企业不仅企业的生命周期短，能做强做大的企业更是寥寥无几。

（二）创业风险的类型

按创业风险的内容，可将创业风险的类型分为：管理风险、市场风险、财务风险、技术风险、生产风险、法律风险、环境风险。

1. 管理风险

管理风险，是在创业管理运作过程中因信息不对称、管理不善、判断失误等因素影响管理水平，而导致创业失败的风险。它包括管理者风险、决策风险、组织和人力资源风险、创业团队风险。

中国企业家调查系统在“第十届企业家成长与发展”调查中，对3539位企业经营者的问卷调查结果表明：企业经营最容易出现的问题中，“决策失误”排在第一位，“用人不当”排在第二位。

2. 市场风险

市场风险，主要是指在创业的市场实现环节，由于市场的不确定性而导致创业失败的可能性。它主要包括市场需求量的不确定性、市场接受时间的不确定性、市场价格的不确定性以及市场战略的不确定性带来的风险。

创新小故事

IBM公司的失误

1959年，IBM公司预测施乐914复印机在10年内仅会销售5000台，从而拒绝了与研制该产品的哈罗德公司的技术合作。然而，未曾料想复印技术被人们迅速采用，改名为施乐公司的哈罗德公司10年内销售了20万台施乐914复印机，成为一个大公司。IBM公司对自己的判断失误追悔莫及。

3. 财务风险

财务风险，是指公司因财务结构不合理、融资不当或资金投放失误等原因，导致企业资金无法及时供应，从而致使企业资金紧张、偿债能力下降、运营不畅甚至失败的可能性。

创新小故事

小李未实现的创业梦

某中职学校有一支优秀的自行车队，队员们参加过省级、国家级的比赛。这所中职学校的邻居是一所规模很大的初中学校，一些初中生很羡慕这帮骑车帅帅的大哥哥、大姐姐，放学后经常聚集在学校门口看他们训练。李同学是车队中的佼佼者，也有商业头脑，看到这种情况，他就和几个同学商量培训初中生，收少量的培训费贴补自己的生活。因为自行车是学校的，所以必须经过学校同意。学校领导也觉得这是锻炼学生自立的好机会，于是同意他们在训练之余，在征得初中生家长同意的前提下收取少量的培训费。李同学在培训的过程中发现，有些初中生甚至家长想买赛车，于是就打起了以后卖赛车的主意。

不过李同学毕业后并没有搞培训，更没有卖赛车，因为没有资金，租不起场地，买不起足够培训用的赛车；另外，本地的赛车市场也已经饱和，卖赛车的前景并不理想。于是小李选择了先就业。

4. 技术风险

技术风险，是指由于企业在技术上存在着不可靠性、不稳定性等因素，从而导致创业失败的可能性。技术风险包括：技术成功的不确定性、技术前景和技术寿命的不确定性、技术效果的不确定性等。

5. 生产风险

生产风险，是指企业无法按预定成本完成生产计划而产生的风险。引起这类风险的主要因素有：生产过程发生意外中断、生产计划失误、生产过程紊乱等。

6. 法律风险

法律风险，是指如果企业的组织形式和经营模式选择不当，或企业在运行管理过程中未按照法律规定或合同约定有效行使权利、履行义务，就会对企业造成负面影响。

7. 环境风险

环境风险，是创业活动中的外部因素给创业发展带来的风险。这些外部因素主要有政治、经济、社会文化、自然因素等，它们对于创业者来说既是可变的，同时也是不可控的。

二、识别创业风险

识别创业风险，是创业者依据企业活动，对创业企业面临的现实以及潜在风险运用各种方法加以判断、归类并鉴定风险性质的过程。创业者必须掌握风险识别的能力，并不断提高这种能力。

（一）创业风险的识别途径

识别创业风险，重点要从风险的来源上入手，即自然因素和人为因素两大方面。

1. 自然因素。比如，是否为地震多发区、台风多发区和极寒极热地区。这与企业的选址、项目有着密切关系。又如，对于许多行业来说，必须注意到影响原材料供应的能源、农产品以及交通问题。

2. 人为因素。主要应了解一个国家或者地区的政治制度、法律政策、风俗民情以及企业周边的营运环境等。

（二）创业风险识别的方法和步骤

1. 基本方法

一般而言，风险识别的方法包括：信息源调查法、数据对照法、资产损失分析法、环境扫描法、风险树分析法、情景分析法、风险清单法。

有能力的企业也可以自行设计识别的方法，例如，专家调查法、流程图分析法、财务报表分析法、SWOT分析法等。

2. 实施步骤

（1）信息收集。首先要通过调查、问讯、现场考察等途径获得信息；其次，通过敏锐的观察、科学的分析，对各类数据及现象做出处理。

（2）风险识别。根据对于信息的分析结果，确定风险或潜在风险的范围。

（3）重点评估。根据量化结果，运用定量分析、定性分析、假设、模拟等方法，进行风险影响评估，预计可能发生的后果，提出方案选择。

（4）拟订计划。提出处理风险的方法和行动方案。

实施中要注意两个问题：一是信息收集要全面，二是因素罗列要全面。

三、防范创业风险

要创业就一定要在风险和收益之间进行抉择和权衡，既不能为了收益而不顾风险的大小，也不能因害怕风险而错失良机。创业者要认真分析自己创业过程中可能会遇到哪些风险，识别这些风险中哪些是可以控制的，哪些是不可控制的，哪些是需要极力避免的，哪些是致命的或不可管理的。同时要做好准备，一旦这些风险出现，应该如何应对和化解。

创新金言

一个公司在两种情况下最容易犯错误，第一是有太多钱的时候，第二是面对太多机会的时候。一个CEO看到的不应该是机会，因为机会无处不在，一个CEO更应该看到灾难，并把灾难扼杀在摇篮里。

——马云

下面列举青年学生创业面临的主要风险以及相关的防范措施。

（一）盲目选择项目

创业时如果缺乏前期市场调研和论证，只是凭自己的兴趣和想象来决定投资方向，甚至仅凭一时的心血来潮做决定，有可能会碰得头破血流。

学生创业者在创业初期一定要做好市场调研，在了解市场的基础上创业。一般来说，学生创业者资金实力较弱，选择启动资金不多、人手配备要求不高的项目，从小本经营做起比较适宜。

（二）创业能力不足

很多学生创业者眼高手低，当创业计划转变为实际操作时，才发现自己尚不具备解决问题的能力，这样的创业无异于纸上谈兵。解决创业能力不足的问题，可通过去企业打工或实习来积累相关的管理和营销经验；也可积极参加创业培训，积累创业知识，接受专业指导，提高创业成功率。对于理财、营销、沟通、管理等方面的能力缺乏的问题，可以从合伙创业、家庭创业或从虚拟店铺开始，锻炼创业能力，也可以聘用职业经理人负责企业的日常运作。

（三）融资渠道单一

资金风险在创业初期会一直伴随在创业者的左右，是否有足够的资金来创办企业，几乎是每一个学生创业者都会遇到的难题。

要想解决资金问题，就要增加融资渠道，除了银行贷款、自筹资金、民间借贷等传统方式外，还可以充分利用风险投资、天使投资、创业基金等融资渠道。完成融资后，还应该注意科学有效地管理资金。

（四）社会资源贫乏

企业创建、市场开拓、产品推介等工作都需要调动社会资源，学生创业者在这方面会感到较为吃力。所以平时应多参加各种社会实践活动，扩大自己的人际交往范围。创业前，可以先到相关行业领域工作一段时间，通过这个平台，为自己日后的创业积累人脉。

（五）同行竞争残酷

如何面对竞争是每个企业都要随时考虑的事，而对新创企业更是如此。如果创业者选择的行业是一个竞争非常激烈的领域，那么在创业之初极有可能受到同行的强烈排挤。一些大企业为了把小企业吞并或挤垮，常会采用低价销售的手段。对于大企业来说，由于规模效益或实力雄厚，短时间的降价并不会对它造成致命的伤害；而对初创企业而言，则可能意味着面临彻底毁灭的危险。因此，考虑好如何应对来自同行的残酷竞争是创业企业生存的必要准备。

（六）产生团队分歧

现代企业越来越重视团队的力量。创业企业在诞生或成长过程中最主要的力量来源一般都是创业团队，一个优秀的创业团队能使创业企业迅速地发展起来。但与此同时，风险也就蕴含在其中，团队的力量越大，产生的风险也就越大。一旦创业团队的核心成员在某些问题上产生分歧不能达到统一时，极有可能会对企业造成强烈的冲击。因此，创业过程中必须始终注意团队建设。

（七）缺乏核心竞争力

对于具有长远发展目标的创业者来说，他们的目标是不断地发展壮大企业，但一个依赖别人的产品或市场来打天下的企业是永远不会成长为优秀企业的。核心竞争力在创业之初可能不是最重要的问题，但要谋求长远的发展，核心竞争力就成为最不可忽视的问题。没有核心竞争力的企业终究会被淘汰出局。因此，必须在创业过程中增强自身的核心竞争力。

竞业禁止协议

（八）人力资源流失

一些研发、生产或经营性企业需要面向市场，大量的高素质专业人才或业务队伍是这类企业成长的重要基础，防止专业人才及业务骨干流失应当是创业者时刻注意的问题。在那些依靠某种技术或专利创业的企业中，拥有或掌握这一关键技术的业务骨干的流失是创业失败的最主要风险源。针对这种情况，可建立研发与技术团队，在可能的情况下不要过分依赖某一个或少数几个员工，对关键人才可签订“竞业禁止”协议。

（九）意识上的风险

意识上的风险是创业团队最内在的风险。这种风险来自无形的意识中，却有强大的毁灭力。学生创业者须避免风险性较大的意识，如投机心态、侥幸心理、试试看的心态、过分依赖他人的心理等。

子任务二　了解创业政策法规

◎ 任务描述

以大（中）专学生创业园（基地）的创业项目为例，调查他们利用了哪些优惠政策。了解各级政府及学校对于学生创业的扶持政策。

◎ 活动步骤

第一步，以小组为单位，随机选择你的学校或附近学校大（中）专学生创业园（基地）的5家企业或店铺，对其开展实地调研，完成表5-5；

表5-5　　创业项目利用优惠政策调研表

调研组别：　　　　调研时间：　　年　月　日

被调研企业名称	企业利用的优惠政策	调研建议

第二步，分组完成调研报告，总结归纳他们都利用了哪些创业优惠政策，并分析各企业或店铺还有哪些可利用的创业优惠政策；

第三步，班级内部交流。

案例导读

大学生创业优惠政策鼓舞了小王的创业信心

王博文同学今年马上大学毕业了，他认为自身的性格和条件适合创业，他为创业的事已经筹划了很长时间。一个偶然的机会，他看到一些国家对大学生创业的支持措施，于是他到学校的创业指导中心咨询，咨询中心的老师向他介绍了大学生创业的优惠政策。

1. 大学毕业生在毕业后两年内自主创业，到创业实体所在地的工商部门办理营业执照，注册资金（本）在50万元以下的，允许分期到位，首期到位资金不低于注册资本的10%（出资额不低于3万元），一年内实缴注册资本追加到50%以上，余款可在3年内分期到位。

2. 大学毕业生新办咨询业、信息业、技术服务业的企业或经营单位，经税务部门批准，免征企业所得税两年；新办从事交通运输、邮电通信的企业或经营单位，经税务部门批准，第一年免征企业所得税，第二年减半征收企业所得税；新办从事公用事业、商业、物资业、对外贸易业、旅游业、物流业、仓储业、居民服务业、饮食业、教育文化事业、卫生事业的企业或经营单位，经税务部门批准，免征企业所得税一年。

3. 各国有商业银行、股份制银行、城市商业银行和有条件的城市信用社要为自主创业的毕业生提供小额贷款，并简化程序，提供开户和结算便利，贷款额度在2万元左右。贷款期限最长为两年，到期确定需延长的，可申请延期一次。贷款利息按照中国人民银行公布的贷款利率确定，担保最高限额为担保基金的5倍，期限与贷款期限相同。

4. 政府人事行政部门所属的人才中介服务机构，免费为自主创业毕业生保管人事档案（包括代办社保、职称、档案工资等有关手续）2年；提供免费查询人才、劳动力供求信息，免费发布招聘广告等服务；适当减免参加人才集市或人才劳务交流活动收费；优惠为创办企业的员工提供一次培训、测评服务。

5. 以上优惠政策是国家针对所有自主创业的大学生所制定的，各地政府为了扶持当地大学生创业，也出台了相关的政策法规，而且更加细化，更贴近实际。

小王同学在系统地了解有关大学生创业的政策之后，他对自己大学毕业后创业的信心更足了。

思考与讨论：

1. 为什么国家和各级政府会出台针对大学生创业的优惠政策？

2. 假设你大学毕业后将创办一个新的企业，你将从哪几个方面来运用国家和政府的优惠措施？

相关知识

青年学生要想成功创业，要想更好地防范和规避创业风险，除了必须具备良好的创业能力和素质外，还应当充分了解和把握国家和各级政府的创业扶持政策，并灵活运用，还要增强法律意识，学习法律知识，通过政策和法律为自己的创业之路保驾护航。

国家面向大学生的创业优惠政策

一、国家和地方鼓励大中专学生创业的政策

为支持大中专学生创业，国家和地方出台了许多优惠政策，涉及市场准入、税费减免、贷款补贴、场地支持、培训指导等各个方面。

扫描页面相关的二维码，你就可以了解近年来国务院和山东省出台的面向大中专学生的创业优惠政策。对于打算创业的大中专学生而言，需要了解这些政策，灵活运用这些优惠，才能更好地开展创业活动。

山东省面向大学生的创业优惠新政策

二、大中专学生创业涉及的主要法律问题

（一）创业组织的设立形式

企业的设立，首先面临的就是组织形式的选择。按照我国的法律规定，企业的组织形式有股份有限公司、有限责任公司、合伙企业、个人独资企业、个体工商户等。不同的组织形式，投资者承担的法律责任不同。作为初次创业的学生，应当仔细评估各种企业形式的利弊，根据自己的实际情况，做出客观合理的选择。

1元钱也可以创办公司吗？

（二）财务税收问题

财务和法律是企业成功生存和发展的两只翅膀。企业设立后，需要进行税务登记、财务管理等一系列工作，这就需要创业者及时了解这方面的法律法规，必要时可聘请企业法律顾问。涉及财务税收的法律法规主要有《中华人民共和国企业所得税法》《中华人民共和国增值税暂行条例》《中华人民共和国税收征收管理法》等。2014年以来，我国加大了税费改革的力度，费改税、营改增等措施极大地减轻了企业的税负，也为学生创业提供了极大帮助。

（三）劳动人事问题

劳动合同和社会保险是学生创业者在企业初创阶段经常面临的两个

问题，突出表现为不签订劳动合同、不尊重员工的劳动权利或者不缴、少缴社会保险费等问题。

《中华人民共和国劳动法》《中华人民共和国劳动合同法》《中华人民共和国社会保险法》以及国务院各部委和各省出台的部门规章、地方性法规等对劳动合同和社会保险问题做了强制性的规定。签订劳动合同，保护劳动者权利，为劳动者缴纳社会保险，是创业者必须要履行的义务。考虑到学生创业的资金困难，国家已经出台了许多政策来减轻他们的负担。

（四）合同问题

合同是当事人或当事双方之间设立、变更、终止民事关系的协议。合同的签订与履行是企业取得经济效益的主要途径，现代企业的运营过程实际上就是合同的签订和履行过程。依法成立的合同，受法律保护。合同涉及的主要法律就是1999年实施的《中华人民共和国合同法》。合同纠纷是创业过程中最容易出现问题的环节，尤其在创业之初，更要注意规避合同陷阱。

（五）知识产权问题

知识产权，是指权利人对其所创作的智力劳动成果所享有的人身权和财产权，它主要包括专利权、著作权、商标权等。大部分学生在创业初期往往更注重融资、开拓市场、企业管理等方面，而忽视了对于知识产权的保护。所以经常出现自己的知识产权被他人假冒、模仿与被抢注等法律风险；或者由于不熟悉我国的知识产权方面的法律，侵犯了他人的知识产权，导致创业的失败。

我国制定的《中华人民共和国专利法》《中华人民共和国商标法》《中华人民共和国著作权法》及相应的实施细则或实施条例对我国的知识产权做了明确的规定。另外，我国还参加了《保护工业产权巴黎公约》《保护文学和艺术作品伯尔尼公约》等保护知识产权的国际公约，与世界上许多国家签订了知识产权保护协议，将知识产权保护延伸到了整个世界。创业者应当认真了解这些法律规定，从一开始就重视加强公司管理者的知识产权保护及风险防范意识，建立健全知识产权保护体系。

项目拓展训练

1　小组讨论

企业走访记录——寻找创业机会。要求：学生走访一家企业，完成4个任务：（1）这家企业的创立原因；（2）为什么在这个位置选址；（3）企业满足了何种市场需求或提供了何种解决方案；（4）您认为企业所在的社区需要解决哪些问题或需要哪些企业，采访完后小组讨论。

2 仿真实训

4～5人组成一个小组，成立一个创业团队，找出自己的优势、劣势、机会和威胁。寻找另一个和自己互补的团队，两团队协作完成一个资源整合的创业项目。

3 创新演讲台

依据一个因违法而创业失败的案例，学生查阅、学习相关法律，组织一次模拟法庭，并总结在创业过程中应如何避免法律风险。

项目六

熟稔商业模式

要想成功，想比别人更领先或者让别人无法追上你，就必须创新。在企业经营过程中，最重要的就是运作模式、商业模式的创新，只有创新才能形成最具特色的核心竞争力。

——王健林

学习指南

李克强总理在2015贵阳国际大数据产业博览会暨全球大数据时代贵阳峰会致贺信里强调：中国是人口大国和信息应用大国，拥有海量数据资源，发展大数据产业空间无限。中国正在研究制定“互联网+”行动计划，推动各行各业依托大数据创新商业模式，实现融合发展，推动提升政府科学决策和管理水平，用新的思路和工具解决交通、医疗、教育等公共问题，助力大众创业、万众创新，促进中国经济保持中高速增长、迈向中高端水平。

通过本项目的学习，你可以达到以下目标：

1. 认识商业模式，了解商业模式的含义、本质和特征；

2. 熟悉商业模式，熟知商业模式设计的思路和方法；

3. 设计商业模式，能对商业模式进行创建和创新。

任务一 了解商业模式

子任务一 明确商业模式的含义

◎ **任务描述**

整理关于商业模式的含义。

◎ **活动步骤**

第一步，通过网络或书籍搜集关于商业模式的资料；

第二步，小组讨论对商业模式的理解；

第三步，试着给出商业模式的定义。

案例导读

华为依靠产品生命周期赚钱

华为是全球领先的ICT（信息与通信）基础设施和智能终端提供商。从产业价值链定位来看，华为以客户需求为驱动，将自己定位为通信设备领域的系统集成服务商与量产型公司，为客户提供有竞争力的端到端的通信解决方案，并围绕通信设备领域的整个产品生命周期来设计产品，形成了完整的产品线。

华为凭借通信设备领域整个产品生命周期上完整的产品线的营收，以暂时的亏损为代价将投入市场的新产品按两三年后量产的模型定价，利用企业规模效益、低耗与高效的供应链管理、非核心环节外包、流程优化等方法挖掘出的成本优势挤垮或有效扼制国内竞争对手，并利用研发低成本优势快速抢夺国际市场份额，打压在成本上处于劣势的西方竞争对手，最终形成了著名的“华为优势”。

思考与讨论：

1. 华为的商业模式是什么？给你带来什么启示？

2. 作为中职生，你在创业时，可以借鉴哪些商业模式？

相关知识

一、商业模式的定义

1. 最初的定义

早在20世纪50年代就有人提出了“商业模式”的概念，但直到20世纪90年代这一概念才流行开来。商业模式是一个完整的产品、服务和信息流体系，包括每一个参与者及其起到的作用，以及每一个参与者的潜在利益和相应的收益来源和方式。在分析商业模式的过程中，要特别关注一类企业在市场中与用户、供应商、其他合作方的关系，尤其是彼此的物流、信息流和资金流情况。

2. 专家学者的定义

清华大学雷家骕教授概括的商业模式定义为：一个企业如何利用自身资源，在一个特定的包含了物流、信息流和资金流的商业流程中，将最终的商品和服务提供给客户，并收回投资获取利润的解决方案。

3. 通俗的定义

商业模式较为通俗的定义是：描述企业如何通过运作来实现其生存和发展的途径和方法。简单地讲，商业模式就是企业的动态盈利战略组合。也可以直白地理解为商业模式就是如何赚钱的模式。

二、商业模式的本质

简而言之，商业模式的本质就是企业的盈利模式，即通过什么途径或方式来赚钱。一般阐述为以下几个方面：

1. 从本质上看，商业模式是一系列制度结构和制度安排的连续体，其核心是企业组织的价值产生机制。制度结构的连续体意味着商业模式的本质属性就是创新和变革，其必然存在动态连续的变革演进。价值创造是企业组织存在的根本理由和发展的必要条件，也是经营活动的核心主题。一般有三个层面，即组织自身价值链、技术变革和价值网络。

2. 静态地看，在组织自身价值链层面，商业模式从制度上决定业务流程，而业务流程又与信息系统密切相关，两者适应与否决定了组织能否实现价值预期；在技术层面，商业模式是技术开发与价值创造之间的转换机制，其成本或收益结构也决定了技术开发成本能够获取的价值收益；随着信息技术和电子商务的发展，组织边界日益模糊，这大大增加了交易和协作创造价值网络增值的可能性。

3. 动态地看，今天的模式也许并不适用于明天，甚至会成为发展的障碍。为了使企业获得长期的、韧性的核心优势，商业模式必须提供基于制度结构和制度安排的动态连续性，必须始终保持必要的灵活应变能力，这样才能获得成功。

创新小故事

阿里巴巴：展示空间换取固定报酬

阿里巴巴的盈利模式即通过在自己的网站上向国内外供应商提供展示空间以换取固定报酬，将展示空间的信息流转变为强大的收入流并强调增值服务。

阿里巴巴通过互联网向客户提供国内外分销渠道和市场机会，使中小企业降低了对传统市场中主要客户的依赖及营销等费用，并从互联网中获利。

子任务二 了解商业模式的特征和评价

◎ 任务描述

调查并分析你最感兴趣的一种商业模式，试着评价此种商业模式的优劣。

◎ 活动步骤

第一步，通过网络搜集一家企业所运用的商业模式；

第二步，向你的同学分析这种商业模式的优点和不足；

第三步，思考和总结这种商业模式对中职生创新创业的借鉴意义。

案例导读

超级女声与天娱模式

《超级女声》是天娱公司的创举，它的创意直接“拷贝”自美国的娱乐节目《美国偶像》，算是“拿来主义”。但是《超级女声》在中国的成功很大程度在于它的本土化，这包括：废除年龄门槛，提出“想唱就唱”的口号；将短信投票和PK淘汰联系起来，加强与观众的互动性等。天娱公司与湖南卫视始终在根据市场反馈调整创意，这对企业而言，意味着每一个旧思维打破、新思维产生的过程都是蕴含商机的。

思考与讨论：

商业模式可以借鉴，但是要做哪些调整，如何为已所用呢？

相关知识

一、商业模式的特征

商业模式不是一个个孤立要素的罗列，它是一个整体的、系统的概念。包括收入模式（广告收入、注册费、服务费），向客户提供的价值（在价格上竞争、在质量上竞争），组织架构（自成体系的业务单元、整合的网络能力）等，这些都是商业模式的重要组成部分，但并非全部。商业模式的组成部分之间必须有内在联系，这个内在联系把各组成部分有机地关联起来，使它们互相支持，共同作用，形成一个良性的循环。

埃森哲公司是全球最大的管理咨询公司和技术服务供应商，同时也从事商业模式研究，它认为成功的商业模式具有以下三个特征：

1. 成功的商业模式要能提供独特价值。有时候这个独特的价值可能是新的思想，而更多时候，它是产品和服务独特性的组合。这种组合要么可以向客户提供额外的价值，要么可以使得客户能用最低的价格获得同样的利益，或者用同样的价格获得更多的利益。

2. 商业模式是难以模仿的。企业通过发挥自己的优势，如对客户的悉心照顾、无与伦比的实施能力等，来提高行业的进入门槛，从而保证利润来源不受侵犯。卓越的商业模式在取得成功的同时，必然会受到竞争者的模仿，而卓越的商业模式之所以卓越，还在于它在快速复制自身模式的同时，也在不断完善自身的价值保护系统，构筑了防止竞争者模仿的强有力的竞争壁垒。这些壁垒包括行业标准、领导地位、专利、品牌、领先两年的产品开发期，排他性的战略合作、商业秘密、先行者的优势，以及成本领先，等等。

3. 成功的商业模式是脚踏实地的。企业要做到量入为出、收支平衡。这个看似不言而喻的道理，要想年复一年、日复一日地做到，却并不容易。现实当中的很多企业，不管是传统企业还是新型企业，对于自己的钱从何处赚来，为什么客户能看中自己企业的产品和服务，乃至有多少客户实际上不能为企业带来利润，反而在侵蚀企业的收入等问题，都不甚了解。

创新小故事

腾讯：网络带来增值服务

腾讯公司成立于1998年11月，由马化腾、张志东、许晨晔、陈一丹、曾李青五位创始人共同创立。腾讯是中国最大的互联网综合服务提供商，也是中国服务用户最多的互联网企业。

2018年6月20日，世界品牌实验室（World Brand Lab）在北京发布了2018年“中国500最具价值品牌分析报告”，腾讯居第二位。2018年10月16日，腾讯入选“2018年中国大陆创新企业百强榜”。

腾讯抓住互联网对人们生活方式的改变这一机遇，建立了中国规模最大的网络社区，为用户提供一站式在线生活服务。

腾讯借互联网对人们生活方式改变之力切入市场，通过免费的方式提供基础服务而将增值服务作为价值输出和盈利来源的实现方式。

二、商业模式的评价

商业模式设计得是否理想，通常需要从三个角度进行评价，实施这一评价的目的，是确保应用设计好的商业模式后能真正达到期望的效果。

1. 客户价值实现的程度

一个商业模式是否合理，首先要审视该模式对创业团队所构想的“价值体现”的实现程度。创业者一是需要确认该商业模式可能为客户创造并传递的价值是不是原本拟创造的价值；二是需要评价该商业模式能实现拟定价值的程度。

2. 客户价值实现的可靠性

创业者在设计了特定的商业模式之后，需要评价其能够为客户提供特定价值的可靠性，即评价该商业模式能够在多大程度上为客户可靠地提供拟定的价值。

3. 客户价值实现的效率

在商业模式的顶层设计要素中，价值创造方式和价值传递方式二者共同决定了客户价值的实现效率，故创业者评价客户价值的实现效率：一是需要评价特定商业模式为客户创造价值的效率，二是需要评价特定商业模式为客户传递价值的效率。而最终效率的形成，则是价值创造和价值传递这两个效率的“乘积”，而不是这两个效率的“相加”。换言之，只有特定商业模式的价值创造效率和价值传递效率都很高时，创业者才可能以较高的效率为客户提供价值，反之，如果其中任何一个环节的效率较低，都可能使创业者为客户提供价值的效率下降。

创新小故事

星巴克为什么会成功

各个行业都有赚钱的机会，关键还得看有没有办法降低成本，或者巧妙地创新商业模式。比如说，我们经常去的星巴克咖啡店，舒尔茨在这一有300多年的老行业里创造了奇迹。

星巴克是怎样建立起顶尖品牌的呢？第一，一开始，星巴克就只选择在最繁忙的市区交叉路口开咖啡店，虽然这些地段的租金很高，但醒目的位置给星巴克带来了最持久的广告宣传效果，来往的人不可能看不到招牌门面，看的次数多了，品牌信任自然就建立起来了。第二个因素就是全球范围内快速、频繁的人口流动，为星巴克这样的品牌连锁店带来了空前的发展机会。第三个因素是星巴克在纳斯达克上市，人们都可以通过买股票成为星巴克的股东。许多人认为，向大众发行自己公司的股票只是一个融资行为，如果“我”的公司不需要资金，好像就不必上市。实际上远不是这样，让公司上市除了融资之外，另一个重要的目的是巩固公司的品牌、提高公司的知名度。

任务二　商业模式的设计和创新

子任务一　了解商业模式设计的思路

◎ 任务描述

通过网络或书籍搜集关于商业模式的案例，找出设计此商业模式的目的和原则、逻辑和意义。

◎ 活动步骤

第一步，搜集成功商业模式的案例；

第二步，讨论商业模式的创新之处和盈利的途径；

第三步，分析商业模式设计遵循的规律。

案例导读

海尔的“人单合一”商业模式

海尔集团董事长张瑞敏在2018年8月15日举行的“2018福布斯中国创新峰会”上以“海尔的人单合一模式创新物联网生态品牌”为主题发表演讲。张瑞敏表示，当下的海尔需要颠覆传统的管理理念，破旧立新，因此建立了与物联网合拍的管理模式，即“人单合一”的商业模式。

“人”就是员工，“单”就是用户需求，“人单合一”就是把员工和用户需求连接起来。用户的需求随时在变化，所以企业必须根据用户的需求改变自己，而不是让用户迁就企业做出改变。

张瑞敏认为，“人单合一”的商业模式包含两个要素，一是组织，二是薪酬。据张瑞敏介绍，海尔将1.2万名中层管理者全部去掉，给他们两条路，一是自主创业，二是离开。现在海尔已经没有中层管理，而是变成了一个创业平台。这样可以让员工感受到，自己在企业里不是一个被管理者，而是一个管理者。薪酬方面，张瑞敏表示，企业的薪酬就是员工的驱动力，海尔把企业定薪改变成用户付薪，即一个团队只要能创造用户价值，这个团队就可以分享价值。

张瑞敏说，“人单合一”的模式就是要让每个人成为自主的创客，每个人都成为CEO。

思考与讨论：

1. 海尔的“人单合一”商业模式指的是什么？

2. 海尔的“人单合一”的做法对商业模式的设计有何启发？

相关知识

商业模式设计是分解企业价值链条和价值要素的过程，涉及要素的新组合关系或新要素的增加。

一、商业模式设计的思路

1. 分析产业环境

企业所处的产业环境是影响商业模式设计的关键因素。当企业处于不同的发展阶段时，企业行为、产业结构以及市场绩效也会不同，而且政府在各个时期的宏观政策也不同。这些宏观环境都是企业设计商业模式时需首要考虑的。

2. 充分评估企业能力

企业的内部条件是商业模式设计的重要因素，因为任何商业模式的变革都是在企业的核心战略指导下进行的，并以核心资源及内部流程重组为基础。因此，企业所处产业环境、企业内部流程变革的程度等是企业进行商业模式变革时要考虑的首要因素。除此之外，商业模式的设计还是一种以市场为导向的创新活动，其本质特征有许多方面与消费者有关，如细分市场、产品定制等。做商业模式设计时，企业要充分了解自己的消费群体，要为消费者创造最大的价值。

3. 商业模式设计的方向

美国麻省理工学院教授哈克斯和他的团队调查了美国上百家公司，提出了组织商业模式设计的三个方向。

（1）最佳产品模式

该模式的设计思路基于波特的低成本和产品差异化的战略选择理论。企业通过简化生产过程、扩大销售量来获得成本领先地位，或通过技术创新、品牌或特殊服务来强化产品某一方面的特性，以此来增加顾客价值。

（2）客户解决方案模式

该模式的设计出发点是强调经营战略定位的重心从产品向客户转移，强调给客户带来的价值，以及客户的学习效应，通过一系列产品和服务的组合，最大限度地满足客户的需求，或通过锁定目标顾客，为他们提供最完善的服务。

（3）系统锁定模式

该模式的设计视角突破了产品和客户的范围，考虑了整个系统创造价值的所有要素。这些要素中除了竞争对手、供应商、客户、替代品之外，还包括生产互补品的企业，通过联合互补品厂商一道锁定客户，并把竞争对手挡在门外。

二、了解商业模式的设计要素

商业模式有三个核心要素：顾客、价值和利润。一个好的商业模式必须可以回答以下三个基本问题。企业的顾客在哪里？企业能为顾客提供哪些价值和服务？企业如何以合理的价格为顾客提供这些价值并从中获得利润？

创新小故事

苹果公司在商业模式上的创新

商业模式上的创新，让苹果公司有了脱胎换骨的变化，商业模式的创新远远超越了其在产品创新方面的意义。

苹果公司的过人之处不仅在于它为新技术提供了时尚的设计，更重要的是，它把新技术和卓越的商业模式结合起来。苹果真正的创新不是硬件层面的，而是让数字音乐下载变得更加简单易行。利用iTunes＋iPod的组合，苹果开创了一个全新的商业模式——将硬件、软件和服务融为一体。这种创新改变了两个行业——音乐播放器产业和音乐唱片产业。商业模式的创新对价值进行了全新的定义，为客户提供了前所未有的便利。

苹果公司在明确客户主张和公司盈利模式方面做了很多创新，从而在为客户创造价值的同时，也为公司创造了价值，并得到了投资者的认可。支持苹果公司的创新动力的，是苹果公司卓越的高层领导，优秀的产品设计人员，优秀的产品营销人员，以及苹果公司强大的鼓励创新的企业文化和制度。这些要素缺一不可，相互影响并相互转化，形成了推动苹果公司创新的“动力火车”，使苹果公司创造出一个又一个伟大的产品。

商业模式是商业战略生成的基础，商业战略是在商业模式基础上的行为选择。商业模式的价值主张、价值网络和价值实现等要素之间的不同组合形成了不同的商业模式。在综合了各种概念共性的基础上，提供了一个包含9个要素的参考模型。这些要素包括：

（1）价值主张

价值主张是指公司通过其产品和服务所能向消费者提供的价值。它确认了公司对消费者的实用意义。明确价值创造的来源，这是对机会识别的延伸。创业者通过可行性分析所认定的创新性产品和技术，只是企业创新的手段，企业最终盈利与否取决于它是否拥有顾客。创业者在产品创新和技术识别的基础上，进一步明确和细化顾客价值所在，确定价值命题，是商业模式开发的关键环节。

（2）消费者目标群体

消费者目标群体是指公司所瞄准的消费者群体。这些群体也叫细分客户，定义消费者群体的过程也称为细分市场。

（3）分销渠道

分销渠道即渠道通路，是指公司用来接触消费者的各种途径。它涉及公司的市场和分销策略。

（4）客户关系

客户关系是指公司同其消费者群体之间建立的联系。

（5）价值配置

价值配置是指企业的关键活动以及资源活动的配置。

（6）合作伙伴网络

合作伙伴网络是指公司与合作者为有效提供价值并实现其商业利益而形成的合作关系网络。

（7）核心资源

核心资源是指公司执行其商业模式所需的能力和资格。

（8）成本结构

成本结构是对企业为实现利润而使用的工具和方法的货币描述。

（9）收入来源

收入来源是指公司通过各种收入流来创造财富的途径。

创新金言

搜狐的推出实际是关于商业模式探索的成果，它把握住了互联网发展的脉搏。

——张朝阳

子任务二　熟悉商业模式创新的逻辑与方法

◎ 任务描述

查找某个成功商业模式的案例，了解它诞生的过程，分析它成功的关键因素。

◎ 活动步骤

第一步，利用书籍和网络，找出自己感兴趣的商业模式；

第二步，用小作文的方式阐述该商业模式诞生的过程；

第三步，以小组合作的方式讨论该商业模式的借鉴意义。

案例导读

百度的商业模式

百度是全球最大的中文搜索引擎，2000年由李彦宏、徐勇两人创立于北京中关村，百度致力于向人们提供“简单、可依赖”的信息获取方式。“百度”二字源于中国宋朝词人辛弃疾的《青玉案》：“众里寻他千百度”，象征着百度对中文信息检索技术的执着追求。公司于2005年8月5日在美国纳斯达克上市。

2016年4月13日，百度董事长兼CEO李彦宏通过企业内部邮件宣布百度业务架构重组。

2018年3月8日，百度宣布成立量子计算研究所，段润尧教授出任研究所所长。5月10日，百度向阿里出售所持有的股权，套现4.88亿美元。2018年8月22日，证监会北京监管局发布《关于核准北京百度百盈科技有限公司证券投资基金销售业务资格的批复》，核准百度百盈证券投资基金销售业务资格，该项许可正式批复日为2018年8月13日。2018年9月，百度与Intel共同发起的“5G＋AI边缘计算联合实验室”正式揭牌成立。

百度凭借其搜索技术及信息资源库，吸引了广泛的网络用户，凭借稳定的百度检索使用率、相对较高的检索匹配率、检索结果的点击率形成了属于百度的品牌效应。百度所提供的服务和内容呈日益多元化的趋势，并形成了一种高效的盈利模式，包括技术转让、固定排名、竞价排名、无线搜索等，2019年5月17日，百度公布了2019年第一季度的财务报告。数据显示，该季度百度营收241亿元人民币（约合35.9亿美元），同比增长15%。可见，有效的商业模式能够给企业带来丰厚的收益。

思考与讨论：

1. 查找资料并思考百度的商业模式有哪些？
2. 百度的商业模式设计有什么优势？

相关知识

商业模式创新是指企业价值创造提供基本逻辑的创新变化，它既可能包括多个商业模式构成要素的变化，也可能包括要素间关系或者动力机制的变化。通俗地说，商业模式创新就是指企业以新的有效方式赚钱。

一、商业模式的创新逻辑

1. 商业模式创新

商业模式创新是指企业价值创造基本逻辑的变化，即把新的商业模式引人社会的生产体系，并为客户创造价值。倘若能寻找到实现这种提升或创造客户价值的新途径，也就形成了商业模式创新的原型。

2. 商业模式创新的逻辑

德鲁克在《管理实践》一书中指出，企业的目标在于创造客户，为客户提供产品或者服务，而不是利润的最大化。企业生存的唯一理由就是实现和创造客户价值，在这个过程中，利润是其必然的副产品。可见，企业获得持续盈利的能力来自对客户价值的不懈追求，这就是商业模式创新的逻辑。

二、商业模式的创建方法

1. 研究同行的商业模式

任何企业的经营都会受到可控和不可控因素的影响，有时相同的错误会普遍发生。因此，观察其他企业的做法、处境，以及如何引进产品和营销等，可以获得更多的经验教训。

研究与要创建的公司类似的公司或者要生产的产品类似的产品，可以使创业者冷静地认识市场需求，帮助创业者找到合适的商业模式。

2. 价值要素创新

商业模式的基本构成要素有价值主张、价值网络、价值维护和价值实现等。任何一个或多个价值要素的增加或变化都可能带来商业模式的创新。

例如，对价值主张要素的分析。现实中许多未被满足的需求往往潜藏在部分客户的内心深处，发现并设法满足这些需求，或者突破现有客户边界，就能寻找到创新商业模式的路径。

3. 增加新要素或重新组合要素

通过增加新要素或重新组合要素，可以设计出很多新的商业模式。中国移动推出的“移动梦网”为IT行业提供了新的价值要素。腾讯通过与运营商“二八分账”的协议，变革了价值实现的方式，诞生了移动QQ，实现了业务的高速增长；美特斯邦威通过价值要素的新组合，在资源极为有限的情况下，在传统产业领域采用轻资产、重品牌、重研发的创新模式而获得了巨大成功。

4. 分解与重构企业价值链条

商业模式构成要素的组合是围绕为客户创造价值而展开的。任何一个企业的价值链都不是孤立存在的，而是其所属产业价值链的一部分。商业模式创新需要打破传统的企业、行业边界，吸收外部资源参与创新活动，以客户为中心，以合作共赢的理念来建立各种价值网络，如产学研联盟、上下游伙伴战略合作等，以利于整合外部资源，掌握关键资源与关键能力，力争在整条产业链上居于主导地位，获得更多的利润。

三、商业模式创新的途径

商业模式创新的主线是为了更好地为顾客创造价值。因此，无论是产品或服务的创新、顾客界面的创新，或者是将这些元素进行组合创新，都要以顾客价值的创造为主线。商业模式创新可以通过以下多种途径来实现。

1. 开发互补或替代产品

商业模式创新可以从寻求已有产品互补者的角度来实现。例如，iPod和iTunes就是整合互补产品的例子。相互替代的产品可以满足同一群顾客的同一种需求，因此从顾客的基本需求出发，可以找到突破市场边界的途径，例如圆珠笔和钢笔可以相互替代。

2. 关注顾客的顾客

如果能够解决购买方向他们的顾客转移价值过程中存在的问题，就可以帮助企业扩大市场空间。例如：胰岛素制造商Novo Nordisk公司在1989年推出了NovoLet，这是一种一次性的预先装满胰岛素的注射笔，它带有剂量控制系统，患者使用起来更方便、简单。1999年，该公司又推出了Innovo，这是一个经过整合的、带有电子记忆功能的注射管系统。Innovo通过内置的记忆来管理胰岛素的注射，并且可以显示本次剂量、上一次剂量和已经使用的时间，这些信息对于降低患者的风险，避免错过注射很有帮助。

3. 整合供应链或总体替代

企业还可以通过整合供应链，或成为供应链的服务商，以及用替代的方式进行商业模式开发。例如：英国人饮茶时经常会遇到一个问题，茶壶里烧好的水中含有碳酸钙，这些碳酸钙会不断混入泡好的茶中，从而影响茶的口感。飞利浦公司注意到这个问题，因此研发了一种新的茶壶，他们在茶壶口安装了一个过滤器，倒水的时候能可以有效过滤碳酸钙，这样就提高了水质，保证了茶的口味。

商业模式的创新方法不仅是上面所提到的几种，但毋庸置疑的是有效的商业模式能够给商品或服务的提供者和需求方带来各自所需要的价值，因此在创业过程中，一定要高度关注商业模式的挑选和创新。

项目拓展训练

1 小组讨论

埃森哲是目前全球最大的管理咨询、信息技术和业务流程外包的跨国公司。它曾对多家企业的商业模式进行过研究分析，认为有效的商业模式组合应该具有以下三个共同特点：（1）它必须是能够提供独特价值的；（2）它必须是难以模仿的；（3）它必须是脚踏实地的。所以，有效的商业模式是丰富的和细致的，并且它是与企业的经营目的相联系的，具有前瞻性、适用性、有效性。

问题：

（1）找出三家企业，分析它们的商业模式是否具有前瞻性、适用性和有效性。

（2）你认为哪家企业的商业模式是最具有创新性、最独特的？请说明理由。

2 仿真实训

针对某个产品和服务，设计它的营销策略和盈利模式，并进行组组对抗。组组对抗是针对对方的产品和服务的商业模式进行质疑，让对方给出合理的解释或解决途径。

3 创新演讲台

在网络上搜集某知名企业的商业模式，通过小组合作的方式完成演讲任务。

要求：①时间限制在5分钟左右（上下浮动15秒）。②表达清楚所阐述的商业模式。③搭配相应的PPT进行讲解。④小组内的同学负责不同的任务。如选取案例、PPT加工、文字修饰、道具准备等。⑤利用评价表进行评价。

项目七

实践创业构想

孙正义跟我有同一个观点，一个方案是一流的Idea加三流的实施；另外一个方案，一流的实施，三流的Idea，哪个好？我们俩同时选择一流的实施，三流的Idea。

——马云

学习指南

李克强总理于2015年在北京中关村创业大街考察调研时指出："当今时代，创业创新不再是少数人的专业，而是多数人的机会，要通过'双创'使更多的人富起来，实现人生价值。"在"双创"的呼唤下，许多年轻人萌生了创业热情，产生了创业梦想，但由于害怕失败的心理作祟，很多人不敢迈出创业的第一步。创办新的企业，必须先做好完善的创业计划。创业计划既是谋划创业远景、目标、路径的市场策略，也是叩开投资者大门的敲门砖。选择适合的企业组织形式、经营住址是创业计划的重要部分，更是创业成功的重要保障。

相信通过本项目的学习，你可以达到以下目标：

1. 了解创业计划书的制作原则和步骤；

2. 学会制作创业计划书；

3. 了解小微企业所适用的法律形态及其优劣；

4. 掌握企业的选址技巧和注册步骤；

5. 了解各类融资渠道，学会计算营运前和营运初期所需融资额。

任务一　做好创业计划

子任务一　准备创业计划

◎ 任务描述

尝试完成一个创业计划。

◎ 活动步骤

第一步，组建团队，找到三五志同道合的同学或朋友组建一个团队；

第二步，构思想法，团队利用头脑风暴法构思一个创业想法；

第三步，初步验证，团队利用SWOT方法分析想法的优势、劣势、机会和威胁；

第四步，市场调研，通过直接或间接的调研方式广泛收集有关市场现有产品或服务、现有的竞争者、潜在的市场、潜在的消费者等具体信息。

案例导读

创业金点子“饿了么”

饿了么是中国的餐饮O2O平台之一。公司最初由几个大学生创立，隶属于上海拉扎斯网络科技有限公司。张旭豪，毕业于上海交通大学，是饿了么网上订餐平台创始人。2016年1月，张旭豪入围2015中国十大经济年度人物奖。

故事要从上海交通大学的一起男生宿舍叫外卖事件说起。宿舍几个男生一起打游戏打到了半夜，突然感到饿了，于是打电话到餐馆叫外卖，但要么打不通，要么不送。大家又抱怨又无奈，饿着肚子聊起来，这时张旭豪头脑里萌生了一个创业想法：我们能不能做一个送外卖的软件？想法一说出口，大家顿时忘记了饥饿，一起讨论起来。经过一段时间的市场调研，他们发现“送餐软件”还是个空白市场，于是很快写出了创业计划书，并获得了资助。“饿了么”网络订餐平台就这样创立了。截至目前，饿了么在线外卖平台已覆盖全国670个城市和逾千个县，在线餐厅340万家，用户量达2.6亿人次，旗下“蜂鸟”即时配送平台的注册配送员达300万。业绩持续高速增长的同时，饿了么公司员工也超过15000人。

思考与讨论：

1. 张旭豪有哪些值得我们学习的地方？

2. 饿了么的创建过程对你有什么启发？

相关知识

在全球专业服务业处于领导地位的美国安达信会计师事务所，对全球几千家企业调查后，曾经做出两个结论：“拥有商业计划的企业（项目）平均比没有商业计划的企业融资成功率高出100%”“拥有书面计划书的企业（项目）平均比没有书面计划书的企业利润高出100%”。所以，创业成功的关键一步，是做好创业计划，并撰写出创业计划书。

一、认识创业计划

（一）什么是创业计划

创业计划，又称“商业计划”（Business Plan），是对构建一个企业的基本思想以及与企业创建有关的各种事项进行的总体安排。创业计划既为创业者的行动提供指导和规划，促使创业团队及员工团结一心地工作，也可为创业者赢得潜在投资者和其他风险投资者的支持。

创新金言

创业对大多数人而言是一件极具诱惑的事情，同时也是一件极具挑战的事。不是人人都能成功，也并非想象中那么困难。但任何一个梦想成功的人，倘若他知道创业需要策划、技术及创意的观念，那么成功已离他不远了。

——哈佛大学教授　拉克

（二）创业计划的内容

创业计划的内容一般是在市场调查的基础上，根据企业定位、运营模式、盈利模式、发展目标、竞争能力、企业环境等情况确立的。主要包括以下四个方面的内容：

1. 企业描述

企业描述是对创立企业的相关各项事宜的总体介绍。具体包括：企业成立时间、成立的形式、创业者团队和分工，企业愿景，产业发展环境评价和预估，产品或服务的特性、优势和不足，主要合作伙伴，融资计划等。

2. 营销计划

营销计划主要包括对过去、现在和未来的市场需求的判定、对市场潜力的分析，对主要竞争者优势和劣势的分析，明确竞争策略，制订运营计划和销售计划等。

3. 组织与管理计划

组织与管理计划，包括营销团队与管理团队的专长和分工理念等基本资料、人才需求和培训计划、企业的组织机构及其关键人物的背景资料的说明等。

4. 财务计划

财务计划包括融资计划，融资后的财务预算与评估及未来一定时期内的损益平衡分析等。

鉴于创业计划在创业过程中的战略性地位，创业者在制订创业计划时应当从上述几方面入手，充实内容，力争资料详备、有理有据。

（三）市场调研

行之有效的创业计划离不开全面的市场调研。市场调研，是指个人或组织为了给市场营销决策提供依据，针对某一特定的市场营销问题，运用科学的方法手段，有目的地、有系统地搜集、记录、整理有关市场营销的信息和资料，以反映客观的市场情况和发展趋势的一系列活动。

1. 市场调研的内容

市场调研主要包括市场环境调研、市场需求调研、市场营销因素调研、市场竞争调研。

创业者在开展营销活动之前，必须对目标市场的营销环境现状及未来可能变化的情况进行调查研究，包括经济环境、政治环境、自然地理环境、社会文化等环境等因素，并预估其发展趋势，判断目标市场环境变化的特点。

市场需求调研，即调研现有市场的购买需求和购买需求的发展趋势。购买需求包括消费者的购买力、消费者的购买动机、需求量和影响需求的因素。

市场营销因素调研，主要是对产品或服务情况、市场价格、流通渠道和促销活动的调查。

市场竞争调研的目的主要是了解行业的竞争结构和变化趋势，了解竞争者的产品、价格等方面的情况，做到知己知彼，发挥竞争优势，帮助企业确定企业的总体发展战略。

2. 市场调研的步骤

市场调研工作必须有计划、有步骤地进行。一般来说，市场调研主要分为市场调研准备、市场调研设计、市场调研实施、结果处理四个阶段，如下图所示。有效的市场调研，可以协助创业者创造独特的竞争优势。

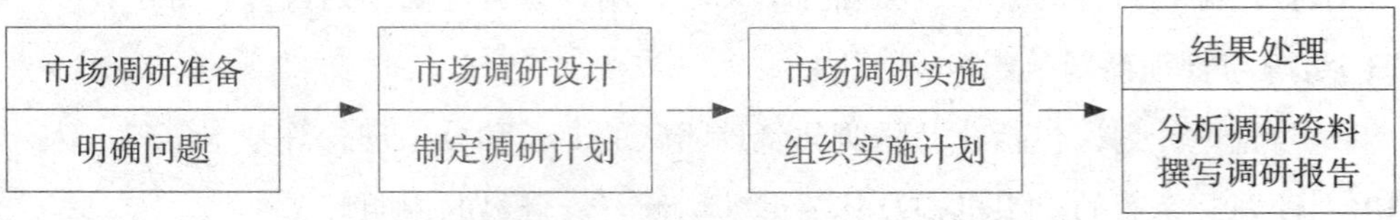

图7-1 市场调研的步骤

市场调研准备阶段，主要是明确调研的目的、调研的主题，拟定调研项目。只有将所要解决的问题限定在一个确切的范围内，才更便于有效制定计划和实施调研。

市场调研设计阶段，此阶段需选择合适的调研方法，确定预算经费、安排市场调研的时间、确定调研期限，并制定切实可行的调研计划。

市场调研实施阶段，本阶段是市场调研过程中最关键的阶段，要根据调研任务建立调研组织（包括调研人员的选聘、培训等），按计划实施调研。

结果处理阶段，这一阶段包括分析调研资料和撰写市场调研报告两个环节。

3. 市场调研的方法

市场调研的方法主要有观察法、问卷法、抽样法、访问法和实验法。

二、认识创业计划书

（一）什么是创业计划书

创业计划书也称商业计划书，是由创业者准备的书面文件，是创业计划的书面呈现，描述创建一个新企业或者完成一个新项目所需要的所有相关因素。

创业计划书描述了创业意图达成的目标，是一份可用于创业组织内外两方面的文件。对组织内部来说，创业计划能帮助创业者设计出实施其战略和计划的“路线图”；对外部而言，创业计划用于向潜在投资者及其他利益相关者介绍企业试图追求的商业机会，以及如何把握机会的行动计划。因此，撰写一份创业计划书对创业者绝对有必要，不仅能节约时间和金钱，更主要的是提前预测企业创办时所需的资源保障和可能遇到的问题，减少失败的可能性。创业计划书不能做到万无一失、面面俱到，不能绝对保证创业的成功。但是，从创业计划的制订过程当中可以获得知识、厘清风险。

作为一名中职生，在校期间或毕业后几年内，自己通常没有足够的资金使创意发展成为一个商业项目，那么获得投资将是一个非常关键的问题。如果没有人对我们的创意进行投资，使其发展成为可行的业务，那么这个创意就永远不可能变成现实。因此，需要依靠专业投资者，或者银行，或者父母、亲朋好友，或者合作伙伴等进行投资。此时，一份详尽、全面、科学的创业计划书会给我们提供很大的帮助。

创业计划书的形成过程是探索和学习的过程，是一个严谨的过程，需要提出问题、寻找答案，并为未来的市场做好规划。

创新金言

如果你想踏踏实实地做一份工作的话，写一份商业计划书能迫使你进行系统的思考。有些创意可能听起来很棒，但是当你把所有的细节和数据写下来的时候，自己就崩溃了。

——风险投资家　Eugene Kleiner

（二）创业计划书的撰写原则

创业计划书往往是投资者或者其他利益相关者对项目的第一印象，如果计划不完善或漏洞百出，很容易让投资者认为项目本身也不完善或者有缺陷。在将创业计划书送交给投资者或其他任何与初创企业有关的人审阅前，要留意创业计划的结构、内容、版式的完整和整洁与否。创业者要把创业计划书的撰写过程看成是一个完善反思的过程，一个历练团队、明晰思路的过程。

1. 真实完整，用数据说话

确保创业计划书内容的真实是前提，所有数据都应具有合理的出处。对于文字、数字还有图表而言，投资者更倾向于观看数字和图表，若数字、图表清晰明了，则阅读效率高。一定要确保数据的真实性，不能有任何的数据修饰和造假行为。否则，一旦被投资者发现，不仅会失去投资者的信任，更会失去企业经营中最重要的原则——诚信。

2. 慎用模板，避免生搬硬套

网络上会有很多创业计划书模板，还有许多软件可以帮助我们撰写创业计划书。但是每一个项目都有自己的独特性，把模板上的名称、图表和数据直接替换的做法是不可取的，这样会失去创业项目本身的特色和创新点。因此，对于模板和软件要选择性地应用。对于内容相对固定的企业组织结构设计、财务报表格式等可以借鉴应用；而对于体现创业项目差异性的部分，如产品或服务描述、竞争分析、营销计划、商业模式等部分，一定要由创业者自己撰写，以突出项目的特点和优势。

3. 内容完整，结构合理

一份好的创业计划书至少应包括计划摘要、产品与服务、团队和管理、市场预测、营销策略、生产计划、财务规划、风险分析等，不应该遗漏任何要素。此外，创业计划书在呈现形式上要求条理清楚、叙述流畅。

4. 表达精准，突出重点

在撰写创业计划书时，尽可能使用通俗易懂的语言，简明扼要地叙述问题，尽量少用专业术语。有些创业计划书的内容很多，很多投资者很难从头到尾地阅读一遍，因而要求合理安排创业计划书的结构，内容前后衔接得当，结构安排合理，突出项目重点，以方便阅读。

5. 版式清晰，简洁大方

创业者必须认真设计创业计划书的版式，使它看上去鲜明醒目。要避免纠缠于文字处理程序的设计功能，如黑体字、斜体字、不同的字号和颜色等。避免过分的装饰，因为过分的装饰会使创业计划书显得花哨而不实用。

子任务二　撰写创业计划书

◎ 任务描述

根据自己的创业计划，尝试撰写一份创业计划书。

◎ 活动步骤

第一步，计划起草。参照现有的模板撰写创业计划书，不求其多，可以从几百字逐渐丰富内容；

第二步，修改完善。广泛征求指导教师、父母、法律工作者、会计师、成功企业家等的意见和建议，逐步完善内容；

第三步，检查定稿。进行格式、文字、内容上的检查，定稿。

案例导读

与众不同的创业计划书

在一次天使基金申报者见面会上，来自河北的创业者李鹏的发酵罐排放气流压差发电与能量回收项目引起了风投者的兴趣。Lu，Hayes & Lee合伙人公司（纽约的一家私募基金）的陆东先生在会后和李鹏交流了半个多小时。当时吸引风投目光的是李鹏的这份仅有一页纸的创业计划书，全文如下：

产品简介：

专利产品　国内空白　年节电100亿度　政府强力推广

公司简介：

我公司成立于2005年8月，从事节能节电业务，拥有自己的技术和知识产权，包括电机节电器技术、发酵罐排放气流压差发电的多项专利。

项目简介：

发酵罐排放气流压差发电与能量回收：发酵罐是药厂与化工企业普遍使用的生产工具，用量非常大，如华北制药、石药、哈药这样的企业，每家企业使用的大型（150t以上）发酵罐均在200台以上。因生产需要，发酵罐前端需要压气机给管内压气，压气机功率一般在2000千瓦～10000千瓦，必须24小时运转，每年每台电费在900万～4000万元之间。为满足发酵罐生产，需要多台压气机同时工作。

所以，压气机耗电通常是这些企业很大的一项费用支出。经发酵罐排放的气流产生大量的压力能，浪费在减压阀上。如安装我公司研制的“发酵罐排放气流压差发电和能量回收”装置，可以回收压气机耗费电能的1/3左右。

同行简介：

目前该技术国际统称TRT，应用于钢厂的高炉煤气压力能力回收。主要的供货商有日本的川崎重工、三井造船，德国的GHH，国内的陕西鼓风机厂。年销售额达到20亿元以上。

进展简介：

本项目关键技术成熟，我公司已经与某制药集团达成购买试装与推广协议，项目完成时，预计可以在该集团完成5000万元以上的销售。

优势简介：

1. 我公司已申请该项目的多项专利。

2. 市场中先行一步，填补市场空白阶段。

3. 该项目属于节能减排项目，符合国家产业政策。温家宝总理亲自担任节能减排小组组长，要求各地政府落实节能减排指标。

4. 各地方政府有节能奖励。如，“三电办”有1/3的投资补贴，制药集团可获得约1600万元的政府补贴。

5. 可申请联合国CDM（清洁生产）资金（每减排1吨二氧化碳可以申请10万

美元国际资金，连续支付5年）。制药集团每年节能6000万度，减排二氧化碳6万吨，可获得国际资金支持300万美元。

用户利益：

1. 减少电力费用支出。以某制药集团为例，如全部安装该装置，一年可以节约电费3000万～3600万元。收回投资少于2年。

2. 很少需要维护，无须增加人员，寿命在30年以上，可以为用户创造15倍以上的价值。

3. 降低原有噪音20分贝以上，符合环保要求。

4. 其他政府奖励。

目标用户与市场前景：

本项目目前主要针对国内药厂、化工厂。从和某集团达成的初步协议看，集团内需求量约100套，而全国存在同样状况的有多家药厂，再加上许多化工行业也采用了相同或类似的生产工艺，均为我公司的目标市场。总市场预计在100亿元以上。

思考与讨论：

1. 这份创业计划书同你见过的其他创业计划书有什么不同？

2. 这份创业计划书中有哪些方面值得你借鉴？

相关知识

一、创业计划书的基本内容及撰写技巧

创业计划书应清晰简练，要完整地提供有关初创企业关键部分的信息，也要注意篇幅问题。也就是说，必须具有一定的篇幅，以确保信息充分，同时又要避免信息冗长，以便吸引读者。

以下提供的创业计划书框架涵盖了创业计划的各个方面。对于创业者而言，撰写的计划书不必涵盖下面所列出的所有部分，而要根据自身创业项目的特点合理选择。

（一）封面

创业计划书的封面除了要设计简洁、美观外，还要包括一些必要的信息。首先要包括企业的名称；其次要有创业者的联系方式，如企业地址、联系电话、企业网址、电子邮件等。如果创业者已经有独特的商标，可以把商标融合到封面设计中，凸显企业的品牌和文化。

（二）目录

目录中标明各部分的内容及相应的页码，要注意确认目录页码同内容的一致性。

（三）摘要

摘要是风险投资者首先要看到的内容，它浓缩计划书之精华，反映创业之全貌，是全部计划书的核心所在。它必须让风险投资者有兴趣并渴望得到更多的信息。创业计划书摘要一般包括商机描述、产品或服务、行业概要、目标市场、竞争优势、经营模式以及盈利模式、团队及资源支撑等几个方面的信息。

创新金言

一个好的概要能让我了解这个新的公司的吸引力所在。我希望在那里看到关于公司长期使命的明确论述，以及对于人员、技术和市场的总体情况。

——风险投资家 Ann Winblad

很多投资人就是靠摘要决定是否投资该企业。想象一下，你需要在2分钟内向一个完全陌生的人介绍自己的企业，你就知道应该在摘要中放入什么信息了。

在写作上应注意的是，由于该部分是计划书中最主要的部分，所以放在计划书的最前面。但它不是最先完成的，而应该先完成计划书的其他部分，在对计划书有了深入了解之后，最后完成创业计划书摘要。

（四）公司概述

把创意转化成商业组织，首先要完成的事情就是成立公司。在创业计划书中，公司概述一般包括以下方面：公司名称、注册时间、公司规模、公司性质、技术力量、项目介绍、员工人数、组织结构等。在创业计划书中对公司概况的介绍只需要从总体架构上进行言简意赅的陈述。若创业者还处在创意阶段，还没到注册公司的行动阶段，则要在公司概述中阐述公司的使命和愿景。此外，还要向投资者展示创业者在创业历程中所取得的成绩，列举在创业发展中重要的、具有里程碑意义的事件。

（五）产品或服务介绍

这一部分着重向投资者介绍创业项目的卖点。应该包含的内容有：基于市场的产品或服务的提出，新的产品或服务解决了消费者的何种需求，或者填补了哪一部分市场的空缺，突出产品或服务的特色。如果开展的是一项服务的话，可以陈述服务的流程；如果是科技类创业，应当向投资者介绍新技术能如何解决市场上存在的问题，带来何种便利。在描述过程中要避免采用过于专业的术语。创业者应当结合项目的实际情况，设计、规划安排产品开发流程，所取得的进度、后续的进度安排要体现在创业计划书中。

（六）市场分析

一般而言，创业者需要先从宏观的大环境下展开思考：所提出的产品或服务，其行业变革的驱动因素是什么，政治和社会环境因素是否会对创业者的产品或服务带来导向性的影响。基于这样的市场环境，再从微观的角度分析市场规模、市场增长速度、行业和产品在成长周期中所处的阶段、购买者的数量和规模、竞争对手的情况。市场概况中应该包含客户分析，这也是创业者必须重视的一环。创业必须是以问题为导向的，解决客户的问题是创业的价值所在。创业者需要通过客户画像进行客户细分。通过分析，创业者可以判断什么原因能让客户产生购买产品的强烈动机。

行业分析要求对其所属行业有一个清晰界定。在分析中，行业定义要宽泛一些，才能够清晰地看到商机的巨大潜力。可是在实际操作中必须聚焦于一个细分市场。创业者应该理性、客观地分析整个行业，关注创业项目能够解决的市场问题，最好用数据和图表来表达，彰显商业机会发展前景。

（七）竞争分析

竞争分析所包含的内容应当与产品或服务的独特性以及新产品的市场定位紧密相连。产品或服务定位是相对于竞争对手而言的。例如，如果你打算开一家新型冷饮店，你应该解释你的冷饮店与其他店有何不同，根据产品特点和客户需求进行市场定位。创业者可以结合行业分析，强调产品如何满足客户的需求：产品的内涵价值是什么？能给客户带来什么不一样的满足或者价值？你的产品为什么比别人的好？应该从质量、价格、配送、某项技术、专利产品或者营销渠道等方面清晰有力地说明产品的竞争优势。

（八）市场营销计划

营销计划是产品或服务到达用户的有效桥梁。制定营销策略，才能在未来控制和应对市场环境的变化，获得持续的客户和销售额。很多人容易把销售和营销混为一谈，实际上，销售只是营销的一部分，而营销是一个系统。营销是以用户需求为中心，把如何有效地创造和满足用户需求作为首要任务，目的是让产品或服务受到用户的欢迎，是一种由外至内的思维方式。营销计划主要包括以下几个部分：

1. 产品构思及设想。主要描述产品或服务，确定市场需求，对产品或服务的整体市场进行简要说明。

2. 市场调研。市场调研可以放在营销计划中，也可以作为计划书的辅助材料单独进行，这部分对于创业项目的可行性论证十分重要。市场调研主要对消费者、竞争对手和市场的基本情况进行调研和分析。

3. 市场定位和用户选择。市场调研后，可以根据市场情况对产品或服务的市场进行细分，确定目标用户，为营销策略的制定打下基础。

4. 营销策略制定。常用的营销策略是4P营销组合，即产品（Product）、渠道（Place）、价格（Price）和促销（Promotion）。营销活动是否成功，产品或服务是核心，价格是工具，渠道是途径，促销是推进器。营销活动的范围和方式需要根据产品或服务、企业发展的不同阶段以及市场环境的变化不断调整。

5. 产品定价。定格是营销计划的重要组成部分，价格的高低与企业的盈利情况关系密切。企业要综合市场竞争强度、竞争实力、产品新颖程度和消费者的价格敏感程度等因素来制定产品价格。

6. 销售预测。通过市场分析所获取的销售预测可以促进风险投资者理解营销目标和财务报表。这些预测数据包括预测市场份额、销售额、市场增长率等。

（九）创业团队

许多投资者和创业计划书审阅者会首先浏览执行总结或者摘要，然后直接翻到管理团队部分评价企业创建者的实力，看团队能否胜任创业项目。投资者阅读过的有创意、有市场的创业计划，远多于他所能实际资助的数量。因此，赢得融资支持经常不是因为创意或市场，而是投资者认为创业团队为开发创意做了更充分的准备。创业团队通常包括企业创建者和关键管理人员。创业计划书应该提供每个创业团队成员的个人简介。个人简介应该显示出该成员为何能够胜任，为何能对企业成功做出特殊贡献等。

（十）生产运营计划

生产运营是一个选择厂址、购买原材料、组织生产产品或提供个人服务的过程。在此部分需要介绍的内容以及内容的详尽程度完全取决于创业者的产品或服务本身。对于工业类企业而言，生产运营计划应当包括的具体内容有厂址选择、工艺流程、设备引进、生产周期标准和生产作业计划的编制、物料需求计划及其保障措施、劳动力供求、库存管理以及质量控制方法等。对于创意服务类企业而言，相较产品类企业运营成本低，则可以强调创意本身，应该阐明自己的优势、员工的特点等。无论是工业类还是创意类产品，在创业计划书中撰写生产运营计划部分时，创业者都应该从以下几个方面思考：新产品或服务的成本结构是怎么样的？如何保证产品或服务的质量？如何保证原材料或物料的供应？

（十一）财务计划及融资

财务计划是针对创业项目的发展制订的一套可靠、全面的财务规划，以反映企业预期的财务业绩。财务计划是从财务角度对创业计划书的支持和说明。投资者期望从财务计划部分判断企业未来经营的财务预期，作为判断自身投资风险的一个依据。一份详尽、周全的财务计划对创业者尤为重要。如果财务计划准备得不好，会给风险投资者留下缺乏经验的印象，可能会降低初创企业的估值，同时也会增加初创企业的经营风险。

财务计划在创业计划中需要花费较多的时间和精力来制定和具体分析，主要包括资产负债表、利润表、现金流量表和盈亏点分析。此外，一些具体的财务数据信息也十分重要，如销售收入、销售成本、管理费用、销售费用、应收账款、应付账款、存货周转和资产利用率等。对于初创企业而言，能够给出6个月或1年的财务计划就可以了。

融资部分要写清楚你需要多少资金，在什么时候需要这些资金以及通过这些资金的投入，你的公司能够做到什么程度。这部分要和市场分析、发展规划、财务预测对应上，而且要在计划和预测里面确定几个清楚的关键点或者里程碑，就是公司在什么时候能够达到什么目标。这个目标应业务和财务兼顾。

（十二）风险应对及资本退出方式

很多人都说创业者就是个冒险家，他们有着高风险偏好。但是真正的创业者，他们并不喜欢风险，而且会尽量避免风险并把风险降至最低。创业者在创业开始阶段必须要对承担的风险和可能获得的利益进行评估。风险种类包括技术风险、市场风险、财务风险、管理风险、行业风险等。

风险应对是创业者在风险评估的基础上，选择最佳的风险管理技术，采取及时有效的方法进行防范和控制，用最经济合理的方法来综合处理风险，以实现最大安全保障的一种科学管理方法。

投资者都对风险收益格外关心。在撰写创业计划书的时候，创业者应该提供资本退出的方案。也就是说，创业者需要呈现给投资者在什么时候他们的投资将退出，并且届时能够获得的回报。资本退出的形式有：首次公开上市（IPO）退出、并购退出、回购退出和清算退出。创业者在提出资本退出方案的时候需要注意以下问题：企业面临的风险及其带来的影响是什么？面对风险，企业应采取怎样的应对方案？初创企业首选的退出方式有哪些？每一项的投资回报率是多少？

创新金言

做生意就像下棋：要想成功，你必须能预见几步棋之后的情况。

——Wiliam A. Sahlmann教授

（十三）附录

撰写创业计划书的一个原则是言简意赅地传递企业的经营计划。在正文中呈现出来的数据需要有文档的支撑，这时候就需要在附录中把各种有关文档列出来，给读者和投资者提供决策的依据。一般而言，创业计划书的附录主要包括：合同资料、信誉证明、市场调查结果、技术信息、生产制造信息、宣传资料、授权书、获奖和专利、政策文件等。

二、中职生可借鉴的创业计划书模板

中职生初写创业计划书，不建议采用复杂的模板，可借鉴下面这个比较适合路演的计划书模板。

创业计划书

项目名称：

组　　号：

组长姓名：

电　　话：

电子邮箱：

成员姓名：

班　　级：

年　月　日

（注：以上为封面内容，封面须单独一张）

一、目标客户及其需求描述

1. 客户痛点（找到目标客户遇到的问题、痛苦、难题或不方便之处等）

2. 客户需求（描述客户需要什么样的产品或服务消除痛点）

3. 目标人群（确定项目组可以覆盖到的目标人群）

二、价值主张和产品体系

1. 主营产品或服务（通过什么产品或者服务为客户创造价值）

2. 核心竞争优势（技术创新、模式创新、应用创新、销售创新等核心优势）

3. 产品体系（给客户提供不同层次的产品，或者给不同类型的客户提供产品）

三、市场营销策略

1. 市场分析（简单的SWOT分析，即优势、劣势、威胁与机遇分析）

2. 市场策略（从大众人群中获得目标客户的策略）

3. 市场空间（项目组可以切入的市场范围）

4. 营销渠道（将产品销售到目标客户的管道）

四、商业盈利能力

1. 盈利机会（可以收费的项目）

2. 生命周期（替代产品或服务可能出现的时间）

五、成本构成与策略

1. 设计成本（设计方式和成本构成，降低成本的策略，如果没有可以不写）

2. 制造成本（制造模式和成本构成，如何降低制造成本）

3. 营销成本（营销方式及相应的成本构成，如何降低营销成本）

4. 管理成本（管理成本的构成及其降低策略）

六、团队成员与分工

1. 核心团队（股东成员和骨干人员介绍）

2. 人力资源风险防控（对于骨干以上人员的激励机制）

七、融资计划与策略

1. 融资额度（需要多少钱，股权融资还是债权融资）

2. 资金用途（列出主要资金用途）

3. 资金风险防控（如何防范出现资金断链）

任务二　创办新的企业

子任务一　企业法律形态

◎ 任务描述

结合拟创办的企业，选择合适的企业法律形态。

◎ 活动步骤

第一步，研读相关的资料，或向法律工作者咨询，了解不同的企业法律形态有不同的要求；

第二步，根据拟创办企业的实际情况，仔细考虑选择某种法律形态可能会对该企业产生的影响；

第三步，选择合适的企业法律形态。

案例导读

合伙企业遇到的问题

李某与纪某各出资5万，设立了福顺昌挂面厂。挂面厂建好后，经营状况相当好，每月利润有2万元。纪某见有利可图，又与刘某各出资15万元，兴建了瑞芙祥挂面厂，该厂与福顺昌挂面厂相距一条街。由于瑞芙祥挂面厂规模大，流水线生产，成本很低，不久就占领了当地大部分的市场份额，福顺昌挂面厂几乎处于半停产状态，给李某造成了极大的损失，而纪某却从瑞芙祥挂面厂获得了丰厚的利润。李某与纪某交涉未果。

思考与讨论：

1. 纪某的做法合法吗？违反了合伙企业法的什么规定？

2. 依合伙企业法应该如何处理这个问题？

3. 如果你是李某，该怎么办？

相关知识

创业者在创立企业的时候，必须解决的一个重要问题是企业应选择什么样的法律组织形式。这个决策主要取决于创业者和公司投资者的目标，并考虑纳税地位、承担的法律责任以及在企业经营和融资活动中的灵活性。为此，需要了解我国企业的法律形态，学习并比较每一种法律形态的特点，这将有助于为自己的企业选择一种最适合的法律形态。

一、认识企业

（一）什么是企业

企业是指从事生产、流通、服务等经济活动，以产品或劳务满足社会需要，并以获取盈利为目的，依法设立，实行自主经营、自负盈亏的经济组织。

（二）企业的基本特征

1. 商品性。首先，企业具有价值；其次，企业生产具有实用价值的产品，为社会创造财富；再次，企业是国民经济的细胞。

2. 营利性。企业是以赢利为目的的经济组织，其追求的是利润最大化。

3. 法人性。法人，是指依法成立并能独立行使法定权利和承担法律义务的社会组织，作为社会组织中的经济组织。要成为经济法人，必须在工商行政管理部门登记、注册，经审定后领取营业执照，才具有经济法人的资格和地位。

4. 竞争性。市场经济就是一种竞争经济。市场如战场，市场竞争的结果是优胜劣汰。

5. 独立性。企业独立核算，自负盈亏，自主经营。

二、认识企业法律形态

中职学生初办的企业一般是小微企业，小微企业常见的法律形态主要有个体工商户、个人独资企业、合伙企业和有限责任公司四种。

（一）常见的企业法律形态

不同的企业法律形态有不同的要求，对所创办的企业会产生诸多影响，这些影响包括：

1. 开办和注册企业的成本；

2. 开办企业手续的难易程度；

3. 企业的风险责任；

4. 筹集资金的难易程度；

5. 寻找合伙人的可能性；

6. 企业的决策程序；

7. 企业利润及利润分配。

（二）常见的企业法律形态的特点

不同的企业法律形态具有各自的特点，如表7-1所示：

表7-1　　不同企业法律形态的特点

特点 形态	业主数量和注册资本	成立条件	经营特征	利润分配和债务责任
个体工商户	1. 业主是一个人或者是一个家庭 2. 无注册资本限制	业主应有相应的经营资金（对于经营场所，各地有具体要求）	资产属于私人所有，业主既是所有者，又是劳动者和管理者	1. 利润归个人和家庭所有 2. 由个人或家庭经营的，以其个人或家庭资产对其债务承担无限责任
个人独资企业	1. 业主是一个人 2. 无注册资本限制	1. 投资者是一个自然人 2. 有合法的企业名称，有固定的生产经营场所和必要的生产经营条件 3. 有必要的从业人员	资产为投资人个人所有，业主既是投资者，又是经营管理者	1. 利润归个人所有 2. 投资人以其个人资产对企业债务承担无限责任
合伙企业	1. 普通合伙企业有2个以上普通合伙人组成 2. 无注册资本限制	1. 合伙人为自然人的，应当具有完全民事行为能力 2. 有书面合伙协议 3. 有合伙人认缴或者实缴的出资额 4. 有合伙企业的名称和生产经营场所	按照合伙协议的约定或者经全体合伙人决定，可以委托一个或者数个合伙人对外代表合伙企业，执行合伙事务	1. 合伙企业的利润分配、亏损分摊，按照合伙协议的约定办理 2. 合伙企业不能清偿到期债务的，合伙人承担无限连带责任
	1. 有限合伙企业由2个以上5个以下合伙人设立，其中至少有一个普通合伙人 2. 无注册资本限制		1. 由普通合伙人执行合伙事务 2. 有限合伙人不执行合伙事务，不得对外代表有限合伙企业	普通合伙人对合伙企业债务承担无限连带责任，有限合伙人以其认缴的出资额为限，对合伙企业债务承担责任
有限责任公司	1. 股东在50人以下 2. 没有最低注册资本要求	1. 股东符合法定人数 2. 股东出资达到认缴额度 3. 股东共同制定公司章程 4.有公司的名称，建立符合有限责任公司要求的组织机构 5.有固定的生产经营场所和必要的生产经营条件	1. 公司设立股东会董事会（执行董事）和监事（会） 2. 由董事会聘请职业经理人管理公司业务	按股东实缴的出资比例分配利润，以其认缴的实缴额为限对公司承担责任

（续表）

特点 形态	业主数量和注册资本	成立条件	经营特征	利润分配和债务责任
有限责任公司	3. 注册资本由过去的实缴改为认缴，认缴金额及认缴方式由股东在公司章程中约定	一人有限责任公司，即只有一个自然人股东或者一个法人股东的有限责任公司	1. 不设股东会 2. 应当在每一会计年度终了时编制财务会计报告，并经会计事务所审核 3. 可设一名执行董事	股东不能证明公司财产独立于股东自己财产的，应当对公司债务承担连带责任

（三）选择合适的企业法律形态

为保证企业稳定经营和持续发展，你必须选择一种合适的企业法律形态。在选择企业法律形态时，你要考虑以下几个因素：

1. 准备创办企业的规模；
2. 行业类型和发展前景；
3. 企业主或投资者的数量；
4. 创业资金的多少；
5. 充分利用政策的优势；
6. 企业的义务和应承担的责任；
7. 创业者的价值观念（倾向于个人决策还是协商合作）。

不同的企业法律形态各有利弊。在选择企业法律形态时，要考虑你的企业的实际情况及选择某种法律形态可能对企业产生的影响：

如果你准备创办的企业规模较小，投资人和资金较少，所有风险都由你一人承担，你就可以选择简单、经济的企业法律形态，如个体工商户或个人独资企业。

如果有国外的亲戚朋友愿意投资帮你创业，你可以选择中外合资企业或中外合作企业的法律形态。

如果你的创业资金和技术不足，但有志同道合的朋友愿意一起干，不妨选择合伙企业或有限责任公司的法律形态。

如果你有较强的独立意识，不喜欢与他人合作，怕麻烦或者怕得罪人，那么你可以选择个体工商户、个人独资企业或一人有限责任公司的法律形态。

子任务二　企业选址与注册

◎ 任务描述

根据拟创办的企业，尝试模拟企业选址与注册。

◎ 活动步骤

第一步，确认自己要办的企业是生产性、商业性还是服务性企业；

第二步，综合考虑成本、区位、劳动力等因素选择地址；

第三步，多走多看多比较，向已经创业的朋友请教，考虑成熟后定下地址；

第四步，给企业取一个响亮、易记的名字，还要准备3～4个备用名；

第五步，通过网络了解当地工商部门的注册要求和流程；

第六步，按流程注册企业。

案例导读

一年就关门的“米和面”

建外SOHO位于北京国贸大厦南侧，是一个大型商住项目。第一期开盘后，有一个名为“米和面”的快餐品牌在商场东侧开了一家店，开业后顾客寥寥无几，一年后再到此处，发现该餐厅已经不见了。其实，同期在此开业的很多餐厅的命运与“米和面”一样。

专家分析，这一带主要的地产项目除建外SOHO还包括银泰中心和中环广场两个大型项目，它们聚集在一起形成一个小商圈。SOHO刚开始入住，银泰还没完工。商圈不成熟导致人流量不大，却有几十家餐厅开业，餐饮供给严重大于需求，这种情况下即使降价促销也不解决根本问题。唯一的出路就是赔钱养着餐厅，慢慢等待商圈成熟后再把投入的和损失的钱赚回来。但是，“米和面”这样的小品牌很难有充裕的资金支持和足够的耐心，最终只好中途撤出，所投入的资金也就血本无归。

目前成熟商圈的快餐店址十分紧缺，于是很多品牌都瞄上了新商圈。新商圈成熟度低，客源不足，但房租水平一点儿都不低，而且竞争激烈，这对快餐企业来说风险非常大。进驻不成熟商圈一定要提前做好以下准备：开业后相当长一段时间会赔钱，投资回收期一般比成熟商圈长一年左右，要有足够的资金和耐心支撑到餐厅开始赚钱。因此，对一些中小品牌来说，进驻一个不成熟商圈时一定要掂掂自己的钱袋，否则风险太大。

思考与讨论：

1. 快餐企业选址时应当考虑哪些因素？

2. 讨论一下大商圈环境和商铺周围小环境的关系。

相关知识

企业都需要有经营场所，企业的选址与未来的经营发展有着很大的关系。对于创业者来说，将创业的地点选在哪个城市、哪个区域是一件先决性的事情，尤其是以门店为主的商业或服务型企业，店面的选择往往是成功的关键。此外，新办企业必须有一个明确的合法身份，就像企业的“户口”一样。我国法律规定，新企业要经工商行政管理部门核准登记，领取营业执照。营业执照是企业主依照法定程序申请的规定企业经营范围等内容的书面凭证。

一、新办企业的选址

企业选址是关系到企业成败的一个至关重要的因素。好的地理位置可以使一个普通的企业生存下去，糟糕的地理位置可以使一个优秀的企业倒闭。企业位置决定消费者是否易于接触企业。企业选址不同，给消费者的印象也会不同。虽然随着经济和技术的发展，空间上的差异对企业经营的影响逐渐减小，但是其依旧是影响企业发展的一个重要因素。

（一）选址需要考虑的因素

选址需要综合考虑多方面因素，既包括定量的成本因素，又包括定性的区位条件因素，以及劳动力因素等。

1. 成本因素

成本是企业选址考虑的最重要因素，选址成本既包括固定成本，又包括变动成本。固定成本，就是维持企业可以正常运作而必须开支的成本，如制造业企业的厂房和机器设备的折旧。所以，由于企业选址位置不同，其固定成本也会有地区性的差异。企业经营的变动成本主要包括原材料、燃料、动力等生产要素的价值。由于在不同的地区和位置，其原材料、燃料以及动力价格会有所不同，所以变动成本也是企业选址要考虑的重要因素。

2. 区位条件因素

企业选址的另一要素就是区位条件，区位条件涵盖了地区的运输便利程度、劳动力资源、地方政策以及生活条件等诸多因素。对于制造业企业而言，产品和原料的运输成本在总成本中占有较大的比重。交通条件的好坏、运输距离的远近、运输环节的多少、运输手段及运输时间的不同，均对交通运输成本构成直接的影响。因此，合理选址可以使运输成本最低，服务最好。

3. 劳动力因素

劳动力成本是企业经营成本中最重要的一环，选择劳动力丰富并且价格低廉的地区，将有利于降低生产经营成本。而对于科技含量较高的企业而言，高素质的人力资源就是他们最大的需求。因此，企业选址时劳动力的供应状况是一个重要的条件。

（二）不同类型企业的选址

1. 生产型企业选址

生产型企业选择的地址，交通要方便，以便于产品对外运出，生产用电要能满足，生产用水要有保证。此外，企业选址应尽量靠近原料基地和劳动力资源，恰当的选址还应考虑当地税收优惠政策等因素。

2. 商业型企业选址

商业型企业经营地点的选择与商业圈有着密切的关系。一般一个城市内有若干个商业圈，每个商业圈都有一定的辐射范围。处于商业圈内的企业，其经营情况相对良好，而处于商业圈之外的则经营情况一般。因此，商业型企业选址建议最好选择商圈核心地带，便于企业的宣传和与客户的接触。但是，商圈内店铺的房价或租金较贵，会对初创企业的经营支出构成压力。所以，在初创企业资金有限的情况下，可以选择租柜台、联合经营、委托代销等方式开展业务；也可以在商圈边缘客流量较大的地方进行选址，但是要在商圈内部进行广泛宣传，以吸引客户。

3. 服务型企业选址

服务型的企业包括的门类很多，每种类型的企业经营特点不一样，所以选址方式也不一样。但有一点是相同的，即必须有客流量。如果服务对象是针对居民的，则要在居民区附近选址；服务对象是针对学生的，则要在学校附近选址；服务对象是针对社团机关的，则要在机关附近选址。

此外，大部分城市都建有各种类型的企业孵化器，为不同类型的中小企业和初创企业提供减免租金的办公空间，同时为其发展提供支持性服务（如财务方面、管理方面、技术方面和经营方面等）。公众、传媒和金融界也为企业孵化器中的企业提供很多支持，企业还可以享有税收优惠政策。企业的集聚效应也可营造出良好的创业氛围，使多个初创企业在同一屋檐下共同奋斗，较低的租金和共享现场服务增加了创业成功的机会。因此，企业孵化器也是初创企业选址的一个很好的选择。

二、新办企业的注册

创业要申请注册，就必须了解企业注册方面的法定程序和工作流程，然后按每一个程序和流程的要求，预先做好计划并准备相关资料。这样可以省去许多麻烦，少走弯路，在节省宝贵时间的同时又可以保证提交资料内容的准确性。不同法律形态的企业，注册程序有所不同，但大同小异，下面以公司为例讲述企业注册的流程。

住所使用证明材料的准备

（一）准备材料

1. 公司法定代表人签署的“公司设立登记申请书”；

2. 全体股东签署的公司章程；

3. 法人股东资格证明或者自然人股东身份证及其复印件；

4. 董事、监事和经理的任职文件及身份证复印件；

5. 指定代表或委托代理人证明；

6. 代理人身份证及其复印件；

7. 住所使用证明。

（二）注册流程

1. 核准名称

时间：1～3个工作日

操作：确定公司类型、名字、注册资本、股东及出资比例后，可以去工商局现场或线上提交核名申请。

结果：核名通过；若核名失败，则需重新核名。

2. 提交材料

时间：5～15个工作日

操作：核名通过后，确认地址信息、高管信息、经营范围，在线提交预申请。在线预审通过之后，按照预约时间去工商局递交申请材料。

结果：收到准予设立的登记通知书。

3. 领取执照

时间：预约当天

操作：携带准予设立登记通知书、办理人身份证原件，到工商局领取营业执照正、副本。

公司取名技巧

结果：领取营业执照。

4. 刻章等事项

时间：1～2个工作日

操作：凭营业执照，到公安局指定刻章点办理。应刻的印章包括公司公章、财务章、合同章、法人代表章、发票章。

至此，一个公司注册完成。

子任务三　创业融资

◎ 任务描述

为你拟创办的企业融资。

◎ 活动步骤

第一步，测算一下你的启动资金有多少；

第二步，测算一下你的盈亏平衡点；

第三步，测算一下营业以后到达盈亏平衡点之前还需要多少资金；

第四步，计算一下自己的融资额；

第五步，根据自己的能力、信誉等，测算一下不同的融资渠道有可能得到的融资额。

案例导读

3W咖啡的“会籍式众筹”

互联网分析师许单单近几年风光无限，从分析师转型成为知名创投平台3W咖啡的创始人。3W咖啡采用的就是众筹模式，向社会公众进行资金募集，每个人10股，每股6000元，相当于一个人6万。那时正是玩微博最火热的时候，很快3W咖啡汇集了一大帮知名投资人、创业者、企业高级管理人员。其中包括沈南鹏、徐小平、曾李青等数百位知名人士，股东阵容庞大。3W咖啡引爆了中国众筹式创业咖啡在2012年的流行，几乎每个城市都出现了众筹式的3W咖啡。3W很快以创业咖啡为契机，将品牌衍生到了创业孵化器等领域。

3W的游戏规则很简单，不是所有人都可以成为3W的股东，也就是说，不是你有6万元就可以参与投资的，股东必须符合一定的条件。3W强调的是互联网创业和投资圈的顶级圈子。而没有人是会为了这6万元未来可以带来的分红来投资的，最吸引投资者的是3W给股东的价值回报，即圈子和人脉价值。试想如果投资人在3W中找到了一个好项目，那么多少个6万元就赚回来了。同样，创业者花6万元就可以认识大批同样优秀的创业者和投资人，既可以得到人脉价值，又能得到学习价值。很多顶级企业家和投资人的智慧不是区区6万元就可以买到的。

思考与讨论：

1. 会籍式的众筹适合什么样的创业项目？

2. 你如果做一个冷饮项目，和同学讨论是否可以采用这种融资模式。

相关知识

创业成功，比较重要的条件有两个：一是创业者必须能够抓住商机，发现和开发出那些市场需求巨大的产品或项目；二是能够妥善解决创业全过程的融资问题。创业资金的筹集无疑是阻碍青年学生创业成功的一大拦路虎。

一、创业所需资金

资金是企业生产经营活动的起点。任何企业要开展生产经营活动，都需要一定的资金数额，否则就成了无源之水。创业融资之前，需要对创业成本进行适当的估计，测算出创业所需的资金数量。

（一）创业所需资金的用途及形式

创业所需资金的用途主要有两种：一是投资成本，即企业开始运营之前，需要投入一定数量的资金用于开办企业的各种支出。这笔资金主要用于购买或租用土地、建设厂房、购买机器、装修厂房、登记注册、通水通电、前期广告宣传等支出。二是运营成本，即企业投入运营之后，在实现盈利之前，要维持企业正常运转还需投入的资金。这笔资金主要用于购买原材料、员工薪酬、日常办公费用、电话费、水电费、税收费用等支出。

从资本的形式来看，可将资本分为固定资本和流动资本。固定资本包括用于购买厂房、机器设备、办公设备、车辆、工具等固定资产的资本。这些固定资产的使用寿命较长，所以固定资本的周转速度比较慢，不能在短期内收回。流动资本包括用于购买原材料、燃料、支付工资及其他日常费用的资本。这些资本在一个运营周期内就能收回，周转速度比较快。

（二）创业所需资金测算

1. 启动资金的测算

企业要开始运营，首先要有启动资金，启动资金用于购买企业运营所需的资产及支付日常开支。

创业者在测算启动资金时，要注意以下几点：

一是尽量节省支出，尤其是在固定资本上。企业最主要的固定资产投资就是场所和设备。在满足经营要求的情况下，可以考虑通过租用厂房、采购二手设备来节约资金。

二是尽量减少库存。库存越多，需要的流动资金就越多。所以，创业者应该尽量将库存降低到最低限度。

三是不能低估运营前期的支出。创业者通常只考虑运营前的支出，而忽视或低估运营前期的支出，以至于企业刚运营不久就在支付员工工资、偿还贷款、支付租金等方面出现问题，最终因此而倒闭。所以，创业之初一定要预测企业在达到收支平衡之前一段时期内的各项支出，以保证提前筹集到充足的资金并预留所需的流动资金。

2. 运转过程的财务测算

新创企业要测算一定时期内企业的营业收入、营业成本和利润，在此基础上，预估财务报表，从而可以为测算相关资本需求量提供一定依据。其中，现金流量是新创企业面临的主要问题之一。现金短缺足以使一个本来有前途的企业破产。因此，对于新创企业来说，制订现金流量计划是非常重要的，逐月估计现金流量可以显示每个月预计会有多少现金流入和流出，使创业者明确资金流动情况，不会使企业陷入突然的现金短缺困境。这就要求在制订现金流量计划时，应充分考虑到各种因素的影响，做出各种情境的假设，以便创业者提前做好应对不同情况的准备，防止企业陷入可能的灾难。

二、创业融资渠道

创业融资有多种渠道，创业者需要尽力挖掘一切可能的融资渠道，来获取创业资金来源。

（一）自有资金

对于大多数创业者来说，自我筹资是新企业融资的一种基本途径。创业者如果将自有资金的大部分投入到新创企业中，不仅关系到企业的创立和正常运转，而且可以给外界一个信号，吸引其他投资者，也可以在新创企业中持有较多的股份。但创业者个人资金毕竟十分有限，对于一些资金需求量大的行业来说，几乎是杯水车薪。

（二）向亲朋好友融资

在创业初期，新创企业很难从银行和其他金融机构获得投资，凭借个人信誉和影响，从家人、亲戚、朋友处获得创业所需的资金就成为常见的融资方法。从亲朋好友处筹集资金有时容易引起纠纷，为尽可能地避免亲友关系在融资过程中出现问题，创业者应以对待其他投资者的方式对待家庭成员和朋友，用契约原则和法律形式来规范融资行为，保障各方利益，以减少纠纷。

（三）合伙人投资

合伙人出资不同于向亲朋好友借款，合伙人一般要参与企业的经营管理，其投资无须偿还。合伙人的加入可以给企业带来资金和人才，在实现利益共享的同时共担风险，有助于促进创业成功。但是，若合伙人的选择不当或者合伙方式不明确，也容易引起纠纷，导致企业解散。

（四）天使投资

天使投资，是自由投资者或非正式风险投资机构对原创项目构思或小型初创企业进行的一次性的前期投资。天使投资是风险投资的一种，是一种非组织化的创业投资形式。天使投资是风险投资的先锋。当创业设想还停留在创业者的笔记本上或脑海中时，风险投资很难眷顾它们。此时，一些个体投资人如同双肩插上翅膀的天使，飞来飞去为这些企业“接生”。

（五）风险投资

风险投资总是指向具有高增长潜力的创业企业进行股权投资，并参与所投资企业的创业过程，以期在时机相对成熟后转让所持股权。风险投资是获得资本增值收益的一种投资方式。风险投资具有高风险、高收益的特点，主要集中于高科技产业，投资的门槛较高，要求所占有的股份也较多。

（六）信贷资金

向商业银行贷款是企业最常见的一种融资方式。对于创业企业来说，由于缺乏抵押品和信用积累，风险较大，银行一般不愿意提供贷款。但在提供担保的情况下，获得银行贷款还是比较容易的。总体来说，新企业从商业银行获得的贷款相对偏少，不一定能满足企业发展的需要。但随着企业的发展壮大，银行贷款会逐渐成为企业运营的重要支持。

（七）创业扶持资金

新企业在国民经济发展中具有重要地位，但是与既有企业相比，其竞争力不足。政府会采用多种方法支持新企业发展，我国财政部、科技部、商业部等相关部门及各级地方政府部门、企业、高校等推出了多种扶持创业企业的基金项目。这些基金通过拨补助款、贷款贴息、资金投入等方式扶持中小企业，成为中小企业创业的重要启动力量。

（八）其他融资方式

除以上提到的融资方式外，创业者还可以通过其他融资方式获得资金，如创业扶持资金、创业板上市融资、供应商融资或客户提前付款、典当融资、融资租赁、集群融资等。创业本身就是创新，创业者也可以开拓新的融资渠道。

创业者获取资金的渠道有很多，每种渠道各有优劣。融资本身就像一把双刃剑，在为企业带来资金的同时，也会带来义务和风险。如果对于融资渠道的选择和使用不正确，可能给企业带来不同程度的影响。因此，企业需要正确地评估每种渠道，从中选择最适合自己的渠道，以降低成本、减少风险。

项目拓展训练

1　小组讨论

构建创业轮廓图。要求：请小组讨论合作完成下面的企业轮廓表7-2，这可以帮助同学们明确自己的创业目标。

表7-2　企业轮廓表

企业名称		建立时间	
企业形式	□个体　□合伙企业　□有限责任公司		
目标客户	□个人　□团体　□公共机关　□其他（简述）		
目前的产品和服务			
最主要的竞争对手（至少填5个）			
可能的竞争	□其他公司　□技术　□行业人员		
本企业的竞争地位	□弱　□较弱　□平均水平　□较强　□强		
对产品或服务的需要在递增/递减			
可能引进的产品或服务			
可能进入的市场			
本企业与众不同之处			
当前企业最大的营销障碍			
最大的营销机会			
总体经营目标和增长计划			

2 仿真实训

根据小组讨论的创业项目，借鉴书中提供的创业计划书模板，结合前期的市场调研，合理分工，完成一份内容翔实、论证充分的创业计划书。

3 创新演讲台

小组成员根据自己创业项目写一份融资计划书，包括项目介绍、项目分析、市场分析、竞争情况、管理团队、财务预测、融资额度、融资方式、融资期限、风险分析等。以PPT形式展示分享，时间不超过15分钟。

项目八

成就创业梦想

古今之成大事业、大学问者，必经过三种之境界：“昨夜西风凋碧树，独上高楼，望尽天涯路”，此第一境也。“衣带渐宽终不悔，为伊消得人憔悴”，此第二境也。“众里寻他千百度，蓦然回首，那人却在，灯火阑珊处”，此第三境也。

——王国维

学习指南

随着新一代信息技术所带来的知识获取、知识交互的便利，众创空间的主体也由原来的企业、科学家变为普通大众。作为众创空间参与主体的普通大众，我们既是需求者也是创新者，我们既是追求卓越的技术创新者，也是具有创新潜力解决社会问题的草根创新者，是拥有社会责任的社会创新者。凡事预则立，无论创新还是创业，我们都需要做好充分做好心理建设与经验建设。

相信通过本项目的学习，你可以达到以下目标：

1. 认识创新创业的必经阶段，理解并掌握各阶段过程中的心理特征；

2. 主动培养与训练自身心理素质，增强创新创业的信心；

3. 了解互联网时代下的创新创业成功经验，进一步明晰创新创业的方向。

任务一　创业心理建设

子任务一　独上高楼

◎ 任务描述

理解领会创业前期所要做的心理建设。

◎ 活动步骤

第一步，通过书籍或网络了解“昨夜西风凋碧树，独上高楼，望尽天涯路”含义；

第二步，小组讨论“独上高楼”在创业中的含义；

第三步，试着写出创业前期要做的心理建设的内容。

案例导读

海南文昌贫困户郑岗多次转型创业带村民共同致富

郑岗，文昌东郊镇椰林村委会口牙七村村民，从小就患有石骨症，无法从事重体力劳动。因此，郑岗的生活和工作困难重重。2013年，他和朋友合伙到广东东莞创业，从事刀具模具行业，由于市场不景气，郑岗创业失败，因此负债20多万元。“在那段时间里，我陷入了困惑，不知道今后的生活该怎么办。”回忆起那一段失败的创业经历，郑岗仍唏嘘不已。

“缺什么也不能缺了志气，少什么也不能少了勇气。”一句朴实无华的话语，表达了郑岗脱贫致富的决心。

2018年年初，郑岗利用积累下来的资金，和朋友一同创立文昌东郊鼎椰农民合作社，做椰青加工。目前该合作社经营状况良好，截至2018年12月底，共销售椰子7000箱，销售额达31.5万元。

在政府和各方的共同努力下，合作社现已走上正轨。然而郑岗发现，如今的椰子产品只是简单的加工，要想做大做强也面临着“销售渠道打开难”“竞争力小”“新品种开发难”等问题。但是他认为，只要自己敢闯敢拼，在政府部门及帮扶责任人的帮助下，努力加强产品的创新力度，参加各类展销活动，就一定能扩大公司经营规模，拓展销售渠道。同时，他还计划吸纳建档立卡贫困户共同创业，带领东郊镇的乡亲父老共同致富。

思考与讨论：

1. 郑岗的致富路顺利吗？他经历了几次失败？

2. 从郑岗身上你学到了什么？

相关知识

Zero Cater创始人Arram曾说："一辈子只做一个工作是非常糟糕的……创业者在很多人口中的'疯狂'，其实是一种不走寻常路的性格。"那么这些不走寻常路的创业者应该具备哪些心理品格呢？

一、敢为人先

"敢"，勇敢、胆量；"先"，先知先觉；"敢为人先"指敢于尝试、敢于探索、敢于创新，果断地做出决策，敢于做别人不敢做的事情。

人们只知道世界第一高峰却很少知道第二高峰。第一个有机会吃螃蟹的人如果没有吃，那么自然会有其他人去吃。不敢为人先，就很可能意味永远失去机会。

成功的创业者个性不尽相同，但绝大多数都有强烈的敢为人先的精神。他们在条件不成熟、前景不明朗的情况下敢为人先，锐意开拓，最终闯出了一片属于自己的新天地。

立志创新创业必须敢闯敢干，有胆有识，才能变理想为现实。

创新小故事

朗科闪存盘

深圳市朗科科技有限公司（Netac Technology Co., Ltd）是国外上市公司在中国投资参股的高科技企业，其致力于移动存储及无线数据解决方案产品的开发、生产和销售，在市场上也占据一定的份额。1999年朗科发明了世界上第一款闪存盘。2005年朗科闪存盘发明专利在美国获得授权。这是中国科技企业在全球计算机存储领域获得的第一项，也是目前唯一一项国际发明专利。而朗科制定的U-SAFE标准，也成为第一个由国内厂商制定的IT行业标准。

二、独立自主

对创业者而言，首先要走出依附他人的舒适圈，走上独立的创业道路。可以说，独立自主是创业者应当具备的基本心理品质。

这种品质主要表现在以下三方面：

首先，自主抉择，即选择创业目标时，有自己的见解和主张。

其次，自主行为，即在行动上有自己的规划，较少地受他人的支配和影响，并能按照自己的主张坚持到底。

最后，行为独创，即不因循守旧，更不步人后尘，而是开拓创新。

创新小故事

“壹号土猪”的诞生

陆步轩，曾经的高考文科状元，北大才子。2003年，他选择了卖猪肉的方式开始创业。他的这一举动被媒体广泛关注，陆步轩也因此被推到了舆论的风口浪尖。有的人说他给北京大学丢脸，甚至有人说，他给教育事业抹黑，是反面教材。

他不仅没有因为这些流言止步，反而把卖猪肉这件事做到了“北大水准”。他从不卖注水肉，一个档口能卖出十二头猪；他的猪场采用半开放式大空间，猪仔们可以自由活动，猪场内配有音响，专门给猪放音乐听；他编写讲义《猪肉营销学》并亲自授课，每年招收大量应届毕业生进行培训，教给他们猪肉分割技能、销售技巧、服务礼仪和专业烹饪等知识。

多年以后，他与师兄陈生联合打造的“壹号土猪”品牌年销量超过十亿，在国内成为响亮的土猪肉第一品牌。2016年，“壹号土猪”登陆天猫，成为第一个面向大众消费者的“互联网+”猪肉品牌。

三、积极进取

无论做什么事情，风险与收益多是成正比的，收益越高，风险越大，创业也不例外。以新药开发为例，在3000个初始的创新想法当中，往往仅有1个能够在商业上获得成功，而且新药从实验到上市一般要经过12年或更长的时间，耗资巨大。

那么应如何保持积极进取的心态呢？

第一，学会发现生命的意义。

加拿大华裔心理学家王再宝说，人生最有动力、最值得我们奋斗与向往的是找到生活的激情，即为什么活着。

在创业过程中，创业者可以经常向自己提问：这段时间，让自己感到喜悦的是什么；让自己感激的是什么；让自己感到自豪的是什么；让自己敬仰、敬畏的是什么；能激励自己的是什么……思考这些问题，能帮助让创业者不断明晰前进的方向。

第二，培养积极的思维方式。

通常人们认为发生什么事就会引起什么情绪体验。实际上，同样一件事对不同的人，会引起不同的情绪体验。如同样是参加重要的考试，结果两个人都没过。一个人心态很平稳，而另一个人却伤心欲绝。为什么？这是因为激发事件与情绪、行为结果之间还有个对激发事件的看法与信念在起作用。一个人可能认为：这次考试只是试一试，考不过也没关系，下次可以再来，而另一个人则觉得这是背水一战，不能失败。

这也是美国心理学家埃利斯提出的情绪ABC理论，即引起情绪和后果（Consequence）的直接原因应是个体对激发事件（Activating event）的认知、评价等信念（Belief）。

在创业过程中，我们可以利用情绪ABC理论调整我们的思维方式，即当创业遭遇挫折或失败时，可以将它定义为短暂的、可控制的、局部现象，而非恒定的、永久的、普遍的。这样，对创新创业的判断分析就会更正确一些、更积极一些。

创新金言

我们要获得现有的一切，而且要创造现在还没有的新事物。

——高尔基

子任务二　衣带渐宽

◎ 任务描述

理解领会创业中期的心理建设内容。

◎ 活动步骤

第一步，通过书籍式网络了解“衣带渐宽终不悔，为伊消得人憔悴”的含义；

第二步，小组讨论“衣带渐宽”对创业的意义；

第三步，试着小结创业中期的心理建设内容。

案例导读

一群年轻人的“问天征程”

在共和国北斗卫星导航系统成长的年轮上，镌刻着这样一群年轻人的“问天征程”——

他们，在读博士期间攻克了北斗导航的核心关键技术。

他们，从北斗一号卫星导航系统一路披荆斩棘走到北斗三号卫星导航系统。

他们，从3个“毛头小子”成长为300人的“国家队”。

他们就是国防科技大学北斗青年创新团队。

国防科大北斗青年创新团队的每间办公室都有“三件宝”：折叠行军床、简易行李箱、特大喝水杯。折叠行军床是为了加班晚了在办公室休息，简易行李箱是为了能够迅速开始一场“说走就走”的出差，特大喝水杯是为了节省打水的时间。

走进国防科大北斗导航中心的大厅，滚动的电子屏上，你会看到——“陈雷：离开时间3：52，累计加班2268小时”，“李井源：离开时间1：27，累计加班2023小时”。3年来，北斗青年创新团队成员平均加班超过1000小时，如果按每天8小时工作时间计算，他们每年要多上120多天班。

2018年我国完成了北斗三号基本系统建设。为此，北斗青年创新团队召开“攻坚战动员”大会凝心聚力，从实验室到试验场，大家团结奋进，按任务计划、按时间节点、按标准要求，高质量地完成了北斗三号组网任务。

思考与讨论：

1. 北斗青年创新团队取得成功的经验是什么？

2. 北斗青年创新团队体现了怎样的奋斗精神？对你有何启发？

相关知识

俗话说“万事开头难”，但我们也常说“创业容易，守业难。”心理学研究表明，非智力因素及情商在个体活动中具有重要作用。

美国斯坦福大学教授推孟团队花费30年的时间追踪了800人的成长过程。结果发现，这800人中成就最大的20%与成就最小的20%最明显的差异存在在个性及心理品质方面。成就大者多具有谨慎、自信、不屈不挠、坚持不懈等心理特征。

这说明在创业活动中，敢于付诸行动、自律与坚持不懈、积极适应等心理优势非常重要。

一、敢于付诸行动

立志创业，就必须敢闯敢干。只要目标精准、判断有据、方法得当，就要敢于实践。

敢于付诸行动的创业者往往会表现出一种积极的心理状态，他们会不断地寻找新的起点并及时付诸行动，表现出自信、果断、大胆和一定的冒险精神；当机会出现时，他们往往能将心理冲动化为行动。

二、自律与坚持不懈

自律是一种积极有益的心理品质，它可使人积极有效地控制和调节自己的情绪，使自己的活动始终在正确的轨道上进行。

在创业过程中，创业者要学会自律，要善于克制，以防止出现不理性的冲动判断或行为。在创业过程中，创业者还要自觉地接受法律的约束，合法地创业；自觉接受社会公德和职业道德的约束，文明创业。

创业是一个长期坚持努力奋斗的过程。创业者要有百折不挠、坚持不懈的毅力和意志，能根据市场的需要和变化确定正确的目标，并带领团队战胜逆境实现目标。

创新小故事

技校生的逆袭

1998年，洪家光从技校毕业，当了一名普通工人。他苦练专业技能，用高标准要求自己，逐渐成长为一名优秀车工。2008年，他带领团队研发航空发动机叶片滚轮精密磨削技术，面对技术难关的挑战，他刻苦学习，掌握了系统的理论知识。经过5年的努力，1500多次尝试，他和团队最终获得了成功。2018年1月，39岁的洪家光获国家科技进步二等奖。现在，他已是中国航发黎明公司的首席技师。

三、积极适应

加拿大小说家科利·多克托罗曾有这样的描述：“铁匠喝着啤酒，掉下眼泪，悲叹铁路时代来临，他的马掌再也卖不出去了，但这于事无补。而那些通过学习成为机械师的铁匠，则保住了自己的饭碗……”

无论是创新还是创业，都需要极强的信息意识和对市场敏锐的洞察力，只有瞄准行情，抓住机遇，才可能创业成功。

此外，当外部环境和条件变化时，创业者还要学会自我调节和处理各种压力。下面是缓解创业压力的几种方法：

（1）充分休息。充足的睡眠让人精力充沛、精神焕发，能让人做好迎接挑战的生理和心理准备。

（2）调适饮食，禁烟少酒。酒精和尼古丁只能掩盖压力，不能解除压力。

（3）适当参加社会活动，多与知心朋友交流沟通。

（4）不要将他人的过错归于自己。

（5）遇到严重困难的时候，先设想一下最坏的结果，这样会对自己的应变能力更加了解。

（6）不为自己无法改变的事情操心。

（7）打开相册，重温过去的美好时光。

（8）适当参加健身活动，没有杂念地全心投入，让身心完全放松。

（9）尝试写日记，这种“无声的倾诉”同样具有舒缓压力的效果。

创新金言

一个创业者一定要有一批朋友，这批朋友是你这么多年来用诚信积累起来的，越积越大，越积越大。

——马云

子任务三　蓦然回首

◎ 任务描述

理解领会创业的巅峰体验。

◎ 活动步骤

第一步，通过书籍或网络了解“众里寻他千百度，蓦然回首，那人却在，灯火阑珊处”的含义；

第二步，小组讨论“蓦然回首”在创业中的含义；

第三步，试着与他人分享生活中“众里寻他千百度，蓦然回首，那人却在，灯火阑珊处”的创业事例。

案例导读

共和国勋章获得者袁隆平

袁隆平1930年出生于北京，1953年毕业于西南农学院。毕业后，一直从事农业教育和杂交水稻的研究工作。

1973年，袁隆平正式宣布籼型杂交水稻三系配套成功。此后，杂交水稻先在湖南推广，后在中国遍地开花结果，水稻平均亩产也一路“飙升”：1976年231公斤、1984年358公斤、1998年424公斤……

对于袁隆平来说，让粮食增产就是爱国，用有限的土地养活更多的人。目前，我国杂交水稻种植面积超过1700万公顷，占全国水稻总面积的50%，仅每年增产的粮食就可养活六七千万人。2016年，86岁的袁隆平又带领团队向“海水稻”发起挑战，并在新疆、山东、浙江、黑龙江、陕西等全国五大类型盐碱地区域开展测试。

袁隆平有两个梦想：“禾下乘凉梦”和“杂交水稻覆盖全球梦”。前者正随着不断高产的超级稻逐渐成为现实。据了解，从1979年首次“走出”中国，杂交水稻已在全球数十个国家和地区进行研究和推广，在国外的种植面积已达700万公顷。

2019年9月29日上午，中华人民共和国国家勋章和国家荣誉称号颁授仪式在人民大会堂举行，袁隆平院士被授予“共和国勋章”。获奖后的袁隆平说：“我得过很多奖，这个共和国勋章是最高奖，对我是一种鼓励，也是一种鞭策。我不能躺在功劳簿上，要尽量做出新的贡献。年纪大没有关系，我还没有痴呆，今后要向亩产1300公斤冲刺。我最大的愿望就是，饭碗要牢牢地掌握在我们中国人自己手上！”

思考与讨论：

1. 袁隆平两个梦想是什么？是否实现了？

2. 你认为袁隆平成功的原因是什么？

相关知识

一、成功的创新创业者拥有高级需求

大量心理学研究发现，那些追求高级需求的人更容易做出与众不同的成绩，更容易创新，更容易有创业的冲动，也更容易成为社会某一领域的领军人物。

著名的“需求层次理论”提出者马斯洛认为这些人具有如下突出的人格特点：

1. 有效的知觉现实，即对自己的生存环境有比较理性和全面的了解和掌握。

2. 对自己、他人以及自然高度接纳，即接受和欣赏自己、他人和周围环境的存在。

3. 高度的自发性与自然性，即不矫揉造作、虚伪。

4. 以问题为中心，而非以自我为中心，即以解决问题为目的，而不是以掩饰和夸大自己为目的。

5. 超然与追求隐私，即不同流合污，而是追求清尚和独善其身。

6. 高度自主与独立，即自主地控制和决定自己的命运和生活。

7. 以好奇的眼光欣赏人与事，有丰富的情绪反应。

8. 对人类群体持有认同感，即热爱来自不同文化、地域和阶段背景的人，把他们看作与自己平等的朋友。

9. 与少数的至亲好友有深厚亲密的关系，与他们心心相印，能互相帮助。

10. 做事民主，即尊重他人的权力和自主性，能以平等的态度对待所有人。

马斯洛认为，人们只要不断地创造、不断回味、不断体验、不断去发现，就都能拥有这些人格特点。

二、专注是创新创业过程中的最佳体验

从20世纪60年代开始，美国著名心理学家米哈伊·希斯赞特米哈伊用15年的时间

追踪观察了一些成功人士，包括科学家、企业家、政治家、艺术家、运动员、钢琴师、国际象棋大师，等等。他发现这些人有一个共同的体验：在从事自己喜欢的工作时，忘我状态时常让他们遗忘了时间的流逝。这些成功人士在做事情的时候，完全是出于自己的兴趣，乐趣来自活动本身，而不是任何外在的诱因（如报酬、奖励、欣赏等）。米哈伊称这是由全神贯注所产生的快乐心理体验，并认为这是一种最佳的体验。这种体验即王国维所言“蓦然回首，那人却在，灯火阑珊处。”

三、如何在创新创业过程中获得最佳心理体验

第一，全神贯注，注意力高度集中，完全沉浸在自己所从事的工作中，忽略外在所有的影响。

第二，驾轻就熟，对自己的行为能做到完全掌控，不担心失败，不担心结果，能充分体验行动的过程。

第三，点滴入心，丝丝入扣，感知自己行动的精确反馈。

在日常生活中关注自己的身心体验、身心活动，在繁忙的时候慢下来，静静地欣赏自己所做的事情；在急躁的时候，用心体验自己所做的工作；在情绪难以控制时，学会转移自己的注意力……这样，心情就会放松，思想也会变得敏锐，此时智慧就更容易产生。

创新金言

有天资的人，看上去他们工作得最少的时候，实际上是他们工作得最多的时候。因为他们是在构思，并把想法酝酿成熟，这些想法随后就通过他们的手表达出来。

——达·芬奇

任务二　创业经验建设

子任务一　快速迭代——“互联网＋”时代产品开发

◎ 任务描述

了解什么是迭代与迭代开发，明确迭代开发的原则。

◎ 活动步骤

第一步，通过网络了解“迭代”的含义；

第二步，小组讨论对“迭代”与“迭代开发”的理解；

第三步，试着总结“迭代”对创业的意义。

案例导读

微信的崛起

2010年，腾讯广州研发部总经理张小龙给总裁马化腾发封邮件，建议腾讯开发移动社交软件。

这种想法让很多人无法接受，因为腾讯在移动社交方面早已开发移动QQ，何必开发新产品自相残杀？

但张小龙看来，移动QQ更多是基于客户端的移植，在美国，功能简单的手机应用KIK Messager正大行其道，新社交软件的兴起对于移动QQ来说是极大的挑战。

马化腾赞同张小龙的想法，并让他负责研发此项目。张小龙团队敢于挑战、打破禁锢，以极高的热情快速前进，成功推出微信。同时，微信版本迭代速度更是惊人——从1.0时代：免费的图文聊天工具，2.0时代：语音对讲，5.0时代：绑定银行卡，到6.0时代：红包诞生……微信已进入我们的生活，它的用户量暴增，迅速达到亿万用户。微信让我们看到了产品在迭代中成长，在不断地成长中突破的神话。

思考与讨论：

1. 张小龙的成功之处是什么？

2. 你认为新时代的创新理念是什么？

相关知识

一、迭代与迭代开发

迭代是一个重复反馈的活动过程，每一次迭代的结果都会作为下一次迭代的初始值，从而不断逼近目标或预想结果。

迭代开发是指由于市场的不确定性，需求在没被完整地满足之前，开发就迅速启动。每次循环不求完美，但求不断发现新问题，迅速解决，获取和积累新知识，并自觉适应的控制过程。即在一次迭代中完成系统的一部分功能或业务逻辑，然后将未成熟的产品交付给领先用户，通过他们的反馈来进一步细化需求，从而进入新一轮的迭代，不断获取用户需求，完善产品。

二、迭代开发的原则

（一）问题先行

“问题先行”是指先找出创业计划中风险最高的部分，或客户最需要的部分，将之作为切入点，开始系统测试，注重从测试版实验中发现问题，注重聆听用户反馈而非依靠直觉，在迭代中完善作品。

目前，“问题先行”这一理念被很多硅谷创业公司奉为创业圣经。

（二）快速试错

失败并不可怕。创业者在失败后要有精准的思考，从而为下一次试错提供学习机会。

（三）微着力　微创新

迭代试错要挖掘用户的隐秘需求，需要的不是颠覆性创新，而是微创新。可以先根据用户特征开发出符合基本要求的测试版，交付给领先用户在模拟环境下测试。如果两者匹配不很理想，就要对需求信息和解决方案信息的位置进行修正。这个循环迭代的过程不断重复，直到获得可能接受的匹配度。

（四）和用户在一起

让用户参与研发过程，在体验参与中树立品牌与影响。在社交网络时代，用户参与既是产品开发战术也是营销策略。小米联合创始人之一黎万强说：“小米是和用户一起玩，不管是线上还是线下，每次产品发布的时候，我们都在想，怎样让用户参与进来。”

创新小故事

永远的测试版

谷歌一直秉持“永远的测试版”的迭代策略，即没有完美的软件，永远都可以更好，永远在更新或改善功能。

在与苹果智能手机IOS操作系统的竞争中，谷歌的Android操作系统采用开源软件模式，与多家企业合作生产平板电脑和智能手机。安卓系统从Android2.3升级到Android4.0，只用了约半年时间，而且Android4.1和Android4.2接踵而来。

谷歌更新的速度与决心都超过苹果，这给它的合作厂家也带来了迭代压力，使得它们不断更新产品，现在谷歌在某些领域已经超过了苹果。

三、迭代创新的意义

今天，所有的产品都因互联网而变得更加智能且易于控制，可以说迭代开发不仅适用于软件产品，也适用于硬件产品的进化。例如，用户通过APP设置，当走近汽车时，车门就会自动打开，并且还能同步准备好导航路线和空调、音乐等其他设置。

总之，迭代适用于不确定性高、竞争激烈的环境，其本质是一种高效、并行、全局的开发方法。

子任务二　创新生态系统——“互联网＋”时代创新系统

◎ 任务描述

了解创新生态系统的概念，理解创新生态系统在“互联网+”时代的意义。

◎ 活动步骤

第一步，通过网络了解创新生态系统的概念；

第二步，小组讨论对创新生态系统概念的理解；

第三步，试着总结创新生态系统对创新创业的意义。

案例导读

斯坦福大学与硅谷形成创新系统

斯坦福大学成立于1891年，是美国著名的私立大学，2013年位列泰晤士高等教育世界大学排名全球第四位，拥有全球顶尖的科研与教学资源。

硅谷地处美国加州北部旧金山湾以南，以硅芯片设计与制造著称，是美国乃至全球重要的电子工业基地。20世纪70年代，伴随着斯坦福大学建设的扩展和学校宽松政策与尖端科技产业应用的推广，形成了以斯坦福大学自身为延伸、硅谷为核心，集成美国尖端科技创新资源、人才精英的高校科技产业化发展创新系统。

斯坦福大学强大的科技实力与科技精英人才成为硅谷发展的内在动力，也成为硅谷创新的灵魂。

思考与讨论：

1. 斯坦福大学与硅谷形成的创新系统有何优势？
2. 思考为什么近年来创新系统成为社会关注的热点？

相关知识

一、创新生态系统

创新生态系统是指一种将个体与他者相联系的创新协同机制。它源于“商业生态系统”的概念，借用自然生态系统的概念来描述当今市场中的企业活动，并且认为企业不是孤立的，而是生态系统的成员。在生态系统背景下，企业不应一味追求战胜竞争对手，而应和竞争对手乃至整个生态系统共同发展。

二、创新生态系统的形成因素

第一，超级分工整合的发展促使企业更关注自己的生态位置。第二，消费者需求驱动型经济的发展加速了生态系统的形成。第三，对于某企业来讲，如果它能领导或参与某个商业生态系统，那么它所拥有的资源就会超出它所在的公司和组织的边界。第四，商业生态系统打破了传统的行业界限，使不同行业的企业走到一起，从而增加了各自的市场机会。第五，通信技术的发展为创新生态系统的形成提供了技术条件。

三、创新生态系统的主要表现

创新生态系统主要表现为，通过人力、设备、资金、知识、技能、关系、品牌等资源的开放共享，来降低研发成本、分散市场风险以实现规划效益。

此外，创新生态系统潜在的合作节点数远超传统合作节点数。若传统创新网络的创新主体有多个合作节点的话，那么创新生态网络各创新主体之间就有可能产生比传统的合作多N倍的节点。

四、企业创新生态系统的资源硬件和文化软件

创新生态系统中的资源硬件主要包括创新人才、专业组织、物理环境以及政策支持。

创新生态系统中的文化软件则包括在领军人物领导下的系统多样性、外部激励、社会信任、生态规则以及关于规则的解释等。

在文化软件中，领军人物在整合生态系统中发挥重要作用。他们犹如“桥梁”将不能直接联系的组织连接起来，彻底消除创新网络中的“孤岛”。这些人物需要具备一套多层次、多领域的知识能力结构，如战略意识、市场洞察力、科研水平、组织沟通能力、领导力等。

创新小故事

“互联网+”时代海尔的创新生态系统

2005年，海尔提出“人单合一”的管理模式，随后又启动了1000天的流程再造，经过十多年的探索试错，海尔已在三个方面发生了明显变化：一是企业，从传统企业转型为互联网企业，成为互联网的一个节点；二是品牌，从过去的家电企业到现在的创客；三是员工，从雇佣者变成创业者，每一个员工都可以在海尔平台上创业，直接面对用户创造价值。目前，海尔平台已有近4000个节点小微，除了免清洗洗衣机、雷神笔记本、馨厨冰箱等从传统产业孵化出的小微企业之外，又孕育出了有住网、蛋业生态、极车公社、快递柜、社区洗等新项目。

海尔开放创新的基本理念是“世界就是我们的研发中心”，其本质是全球用户、创客和创新资源的零距离交互、持续创新。为建立全球资源和用户参与的创

新生态系统，海尔在全球建成了包括中国、美国、日本在内的5大研发中心，每个研发中心都延伸出众多“触角”，形成遍布全球的创新资源网络。海尔还在2013年建立了开放式合作生态HOPE（Haier Open Partnership Ecosystem）线上平台，这一平台可以让全球的用户和资源在平台上零距离交互，持续产出创新的解决方案。

在2016年1月海尔创新交互大会上，总裁张瑞敏说：“互联网应该是一个生态系统，我们要建立并联平台的生态圈和用户圈相融合的体系。我们称为‘体验的无缝化’，即‘共创共赢的生态圈’。”

项目拓展训练

1 小组讨论

选择一家国内企业，分析其创业的过程。

2 仿真实训

与团队成员排演一部“创业心理剧”，注意演绎出创业过程中的心理状态，如：如何面对挫折战胜自己、怎样化解团队猜疑……

要求：取材源自创业实际、演绎合情合理。

试选择一家本地或熟悉的企业，参考海尔等案例提出一个企业创新建设的初步方案。

3 创新演讲台

以“创新创业，我准备好了”为题，在全班进行一次演讲。要求：主题鲜明、语言流畅。

附　录　项目拓展训练测评表

1 小组讨论

评价类型 评价内容	自评	他评	师评
小组内每一位同学的参与度如何？			
讨论的内容是否运用了创新创业课程中学到的知识？			
讨论所规定的时间是否都得到了充分的利用？			
小组内的同学对题目的分析和理解是否正确？是否具有深度和广度？是否见解独特，分析全面？			
小组讨论是否协调活跃？同学发言时，组员是否能够耐心倾听？			
总分			
合计			

（注：评价内容每项20分，总分100分）

2 仿真实训

评价类型 评价内容	自评	他评	师评
实训项目的完成度如何？			
对创新创业课程中学习到的专业知识运用程度如何？			
是否能够全身心投入实训项目，做到身临其境？			
对实训项目的理解分析和实际动手实操能力如何？			
在仿真实训中，同学之间的团结协作，交流沟通能力如何？			
总分			
合计			

（注：评价内容每项20分，总分100分）

3 创新演讲台

评价类型 评价内容	自评	他评	师评
演讲的内容是否符合题目的要求，主题鲜明，说服力强?			
演讲的语言是否流畅，语速适当，富有真情实感?			
演讲的仪态和举止等是否得当，具有较强的吸引力，感染力和号召力?			
演讲的内容是否丰富，逻辑层次分明?			
在演讲中能否运用所学的创新创业知识?			
总分			
合计			

（注：评价内容每项20分，总分100分）